不较"真"的智慧

写给年轻人的社会心理学

张笑恒
编著

煤炭工业出版社
·北京·

图书在版编目（CIP）数据

不较“真”的智慧：写给年轻人的社会心理学/张笑恒编著．--北京：煤炭工业出版社，2016（2023.6重印）

ISBN 978-7-5020-5348-2

Ⅰ．①不… Ⅱ．①张… Ⅲ．①社会心理学—青年读物 Ⅳ．①C912.6-49

中国版本图书馆CIP数据核字（2016）第158270号

不较“真”的智慧：写给年轻人的社会心理学

编　　著　张笑恒
责任编辑　马明仁
特约编辑　郭浩亮　郭海平
特约监制　朱文平
封面设计　柏拉图

出版发行　煤炭工业出版社（北京市朝阳区芍药居35号　100029）
电　　话　010-84657898（总编室）
　　　　　　010-64018321（发行部）　010-84657880（读者服务部）
电子信箱　cciph612@126.com
网　　址　www.cciph.com.cn
印　　刷　三河市金泰源印务有限公司
经　　销　全国新华书店

开　　本　710mm×1000mm 1/16　**印张**　16　**字数**　220千字
版　　次　2016年8月第1版　2023年6月第3次印刷
社内编号　8205　　　　**定价**　39.80元

前言

湖南卫视的《我是歌手》大赛终于落幕，赛前众多网友最期待的“歌王”林志炫却错失“歌王”，“羽泉”组合出人意料地夺冠。对此，很多网友提出质疑，表示不满，认为《我是歌手》中有过多的“做戏”成分。

江小鱼回应说：“观众别太较真，这并不是一档纯粹音乐类节目，只是一个娱乐节目，有太多泡沫，就像快餐，不会对音乐行业的改变起到任何实质性作用，观众如果太在意并为比赛结果生气就不值得了。”

生活中，总是有人特爱较真，自己跟自己过不去。对周围的人和事也总是以挑剔的眼光来看待，就没有想过这个世界根本就不完美，这么做只是在自我折磨，在一点一点地把自己推入失败的深渊。

有人遇到不如意后，终日耿耿于怀，一蹶不振，为了那些不肯放下的沉重包袱，付出异常的心血和精力，原本可以轻松前行的脚步开始变得步履蹒跚，生活也在重压之下变得越来越艰辛，越来越累。

有些人天生就喜欢争强好胜，有理要争埋，没理也要争三分，不论大事还是小事，一见对方有破绽，就死死抓住不放，非要让对方败下阵来不可，永远要做胜利者，结果矛盾越闹越大，事情越搞越僵。

在人的一生中，期望与现实常常会发生冲突。我们期望的，未必能够获得；我们能获得的，却未必是所期望的。然而这就是生活。生活本身不可能事事遂人所愿，人生也不是理想的化身，虽然我们也辛勤耕耘，但总有一些东西我们一生都不可能得到。与其一厢情愿地久久眺望远方的海市蜃楼，不如踏踏实实收获身边的每一份真实。

所以，在生活上豁达一些，简单一些，能让你获得很多的安心和朋友；在工作上认真一些，这时的较真能让你收获事业上的成功。

在职场上，因为一些小事与同事发生冲突要尽量忍让，这样才能将大事化小。但凡事都要有一个底线，超过了这个底线，我们就不能再退让了。职场也并不是一个完美的世界，在职场中，充斥着各种矛盾和利益冲突。如果把握不好忍让的限度，就会陷入“职场受气包”的尴尬境地。

生活中，不少人都缺少那种在重要的事情上坚持不懈的韧劲，但是在一些无关紧要的事情上，他们却浪费精力不肯放弃。这不能算是坚持，只能说是固执。看准了的事情，如果没有百折不挠的坚持，绝难取得成功，只有坚持到底才能有所收获。

应付了事，是许多人工作上常犯的毛病。他们做一天和尚撞一天钟，对于上司布置的工作，从不认真去做，而是敷衍搪塞，做得差不多就算交差。这样自然不可能把事情做好。所以，在工作上我们必须精益求精。只有这样，才能提高工作效率和工作质量，才能获得晋升和加薪的机会。

在该较真的事情上较真，就能够让一个人的事业获得成功，在生活中保持自己的尊严，从而拥有一个美好的未来；而在不该较真的事情上固执地较真，那只会是徒增苦恼，让自己的生活事业变得一团糟。

本书正是立足于这样的一个观点，将理论与实际的案例相结合，为读者阐述了现实生活中为人处世的道理与技巧，让大家在面对人生困境的时候，能够保持一个良好的心态，同时从中找到切实可行的解决方法。

目录

第五章　不苛求于人，人至察则无徒

第六章　顺其自然不纠结，云水随缘且自在

第七章　该执着的时候执着，该变通的时候变通

跟不完美死磕，输的一定是你

十全十美的追求带给人们的伤害

十全十美是许多人孜孜以求的目标，但是，越来越多的人却被这种对完美的追求压得喘不过气来，深受完美主义之累。为了能够交上一份“完美无瑕”的答卷，他们将自己的全部心思都投入了进去，对工作或是生活中的每一个小细节都锱铢必较，容不下一丁点儿的小瑕疵，最后却搞得自己身心俱疲。

完美是一句极具诱惑力的口号，却也是一个漂亮的陷阱，它将我们陷进泥沼，我们却仍旧以为是身在梦想的温床。

曾经有这样一个笑话，说有一个非常挑剔的男子，他希望可以找到一位合适的人生伴侣，于是，他来到了一家婚姻介绍所。

当他推开婚姻介绍所的大门后，迎面却见到两扇小门，一扇写着“美丽”，另一扇写着“不太美丽”。男人推开“美丽”的门，结果又是两扇门，一扇写着“年轻”，另一扇写着“不太年轻”。男人推开“年轻”的门……

这样一路走下去，男人先后推开九道门，当他来到最后一道门时，门上写着四个大字：查无此人。

这则故事虽然只不过是个笑话，但它也从另一面告诉了我们一个道理：真正十全十美的人是找不到的，我们不要过分追求完美。世界上本来就没有尽善尽美的事，如果我们总是想追求完美，那根本就是在追求一种不存在的事物，到最后得到的便是失望。

人生不可能事事都如意，也不可能事事都完美。追求完美固然是一种积极的人生态度，但如果过分追求完美，而又达不到完美，就必然会产生浮躁。过分追求完美往往得不偿失，而且会变得毫无完美可言。

在莎士比亚的剧作《无事生非》中有这样一幕：

贝特丽丝：那位先生的面孔多么阴沉！我每一次看见他，心里总要有一个小时不好过。

希罗：他有一种很忧郁的气质。

贝特丽丝：要是把他跟培尼狄克折中一下，那就是个完美的人啦，一个像是泥塑木雕，老是一言不发；一个却像骄纵惯了的小少爷，总是叽里呱啦地说个不停。

里奥那托：那么就把培尼狄克先生的半条舌头放在约翰伯爵的嘴里，把约翰伯爵的半副心事面孔装在培尼狄克先生脸上好了。

贝特丽丝：叔叔，再加上一双好腿，一对好脚，袋子里有几个钱，这样一个男人，世上无论哪个女人都愿意嫁给他的，只要他能够得到她的欢心的话。

里奥那托：真的，侄女，你要是说话这样刻薄，我看你一辈子也嫁不出去的。

贝特丽丝是莎士比亚笔下塑造的比较成功的一个女性角色，她就是一个过分苛求完美的人，她对自己所见过的男子均要进行一番苛刻的品头论足，至少在她和叔叔议论自己心目中的完美男人时，她的表现就是这样。在后来叔叔让她描述未来丈夫时，她这样说："有胡子的人年纪一定不小了，没有胡子的人，算不得须眉男子；我不要一个老头子做我的丈夫，也不愿意嫁给一个没有丈夫气的男人。"

追求完美，可以说是人的一种天性。这本身并没有什么不好。人正是在这种不停的追求中，才能不断完善自己。没有对于完美的追求，自然也就不会有进步，如果我们都只满足于现状，而失去了对更加优越的条件的追求，那么人们现在估计还过着穴居生活呢！

但是有一句话叫作"过犹不及"。万事万物都要讲究一个度，过了这个度，不但不会变得更好，反而会越来越坏。追求更好、更加完美这没错，但如果是追求本不存在的“绝对完美”，那必将会是水中月、镜中花，竹篮打水一场空。

就像生活中的许多女性，为了追求完美的身材，就不停地尝试各种减肥药，还常常绝食，可是最后，不但没有拥有完美的身材，反而还失去了健康。工作中也是一样，许多人总是对细节苛求完美，对自己要求过分严格，长期处于紧张和焦虑中，结果却是，工作无法做到尽善尽美，自己的精神也被搞成抑郁了。

我们无论做什么事情，都要学会适可而止，如果不达到想象中的十全十美就誓不罢休，那你就是在和自己过不去了，长此以往，只会让自己心里的疙瘩系得越来越大，越来越紧。

不完美本身就是一种美

每个人都在追求所谓的完美，想要拥有完美的亲情、完美的爱情，更想拥有一个完美的人生。然而，日有东升西落，月有阴晴圆缺。在每个人的工作或是生活中，都会有或多或少的遗憾，真正意义上的完美是不存在的。有的时候也正因为生命有了缺憾，我们才看到了人生的另一种风景。

被誉为美国艺术天才的谢尔·希尔弗斯坦在《失落的一角》一书中讲述了这样一个故事：

有一个圆环发现自己身上缺了一角，为了补上这一缺憾，它决定去寻找一块与自己丢失的类似的角。于是，它开始了长途跋涉，但由于缺了一块，不够圆，所以它走得非常慢。因此它可以时不时地停下来和小虫子说说话，或者放松地闻闻花香；还有一次，一只漂亮的蝴蝶停在了它的头上，并陪伴它度过了一段最快乐的时光。

最后它终于找到了与自己最合适的那一角，它们组成完整的圆，它高

兴极了，觉得自己终于完美了。圆环重新出发了，没有了缺憾的它走得飞快，开始为自己的完美欢呼。可是，没过多久，它就发现，自己再也没有时间和机会欣赏路边的野花，聆听小鸟的歌唱了，甚至自己也无法再放声歌唱了，剩下的只有单调枯燥的前行。

每个人的人生其实都和这个缺失一角的圆环一样，或大或小的，总会存在那么一个缺口，于是，许多人便费尽心思地想去弥补那个缺口。然而，一旦真的补住了那个缺口，却会发现一切的一切，都还是过去的好，还是过去的开心。因为，就在我们弥补那个缺口的时候，我们失去了很多美好的东西，错过了很多美好的风景。

据说当爱神维纳斯的雕像展示在世人面前时，因为缺少手臂，许多人都感叹她美中不足的缺憾。于是，当时的著名雕塑家们就举行了一场重新塑造手的比赛。但是在看过了许多个方案之后，大家却都一致认为，没有手臂的维纳斯，比起有各种手臂的维纳斯更美丽。

有人说："完美的趣味本身就是一种局限，单调的美容易使人淡忘，而一些缺点往往起到震撼心灵的作用，使创作更加生动真实。"这就好比一部电影，让人捧腹大笑，往往比不上让人潸然泪下来的深刻。

断臂的维纳斯是遗憾的，然而它的美却可让全世界惊叹；失聪的贝多芬是遗憾的，然而《第七交响乐》却令人震撼。完美与缺憾本身就是相对存在的，世界上没有绝对的完美，自然也没有绝对的缺憾。若是我们能将缺憾利用好了，未尝不能让它变成另一种完美。

曾经有一位失去左臂的少年向一位教练请教摔跤，这位教练却只让他重复训练一个动作。后来在一次比赛中，少年却出乎意料地夺得冠军，在场的观众都震惊了，记者们也非常不解，于是就向他求教。少年说，他的教练告诉过他，破解这一招的唯一方法是抓住他的左臂。但是因为他没有左臂，所以他的这一招是没有人可以破解的。

人的一生虽然有很多不完美之处，每个人都会有这样或那样的缺憾。但是，没有缺憾就不成人生。仔细想想，缺憾其实不也是一种完美吗？当我们认识到缺憾也是另一种意义的完美时，我们就可以笑对缺憾，并从中获得成功和满足。

有一个名气不大的时装设计师，因为一个特别的机会，获得了参加一个有众多设计名家观看的时装展。为此他精心准备了好几套他最为得意的设计，其中有一套纯白的羽毛连衣裙最让他满意，那一件用无数洁白羽毛和白纱拼接缝制的连衣裙，看起来高贵典雅、完美无瑕。可是就在模特准备换装上台的时候，一个意外发生了，工作人员不小心把那件压轴的羽毛裙子的裙角烧了一小块。

设计师非常绝望，他觉得这场走秀可能会完全失败了。这时，一个疯狂的念头猛然间袭上心头。他取来打火机，将那件原本纯白完美的裙子沿着原来烧掉的痕迹，烧去了整整一侧，于是，这件裙子立刻变成了另外一副模样。

当模特穿着这件被火烧过的羽毛裙正式登场时，一时惊艳四座。大家都觉得这件作品像是一个浴火的天使，烧焦了一半的翅膀，那烧焦的效果更体现了羽毛的洁白，产生了强烈的视觉对比效果，体现了一种残缺美。这个设计师一炮走红，成为一名炙手可热的设计新星。

缺憾是大多数人都不喜欢的，然而这却也是人人都要面对的。人生不可能永远都是一帆风顺的，所以纵然在人生道路上遇到坎坷或失败，也要平心静气地对待。缺憾只是人生交响乐中的一段小插曲，它不会破坏整首曲子的和谐。如果我们正视它，那缺憾就可能会转化为一种另类的完美。

学会跟不完美的自己和解

在人生的舞台上，我们每个人其实都不够完美，不过有些人能够淡然处之，有些人却不肯接受，缩在自己用冷漠铸造的硬壳里，拒绝外面的世

界。其实，我们每个人都守着一扇自内开启的改变之门，除了自己，没人能为你开门。

人生可能会遭受许多的苦难与不公，我们在成功的路上也总是会屡屡受挫，但这都不是我们否认自己、拒绝明天的理由。偏激执拗只会害人害己。有的时候坦然地接受不完美，承认自己的错误，才能真正地掌握住自己的命运。不要试图否认自己的不完美，否认自己内心的矛盾，否认自己的缺陷。否认就是逃避，它会堵塞我们的思维，将自己滑向自暴自弃和自欺欺人的深渊。

美国作家厄尼斯特·科兹曾经说过：人们为什么会忧郁、烦恼、焦虑和恐惧？根本原因在于我们的内心是分裂的，分裂让我们的心灵始终处于被撕扯的状态，痛苦不堪。有时，这种心灵的痛苦甚至比肉体的痛苦更为剧烈，常常撕心裂肺，肝肠寸断。那么，是什么东西在撕扯分裂我们的心灵呢？罪魁祸首就是我们头脑中有一个自我的幻象，这个幻象完美无缺，无所不能，可以掌控一切。

面对人生当中的挫折，许多人总是习惯抱怨环境的恶劣，抱怨旁人的阻挠，抱怨上天的不照顾，而很少认真思量过自己。说起来，我们所认识的自己，常常像一个吹起来的气球，我们习惯了用虚荣和浮夸撑起自己庞大而又空洞的身躯。

这样的人自然很难经受住挫折的考验，因此，当我们用自大来覆盖这些挫败时，那么挫折就会像笋尖冲出地面一样，一个接着一个不断地冒出来。

有句话叫作“金无足赤，人无完人”。人本身就不完美，但我们的内心却渴望尽善尽美；世界上根本就没有无瑕的白玉，我们却在追求白玉无瑕。在人生的道路上，总会有这样那样的磕磕碰碰，总会犯这样那样的错误。犯错和痛苦并不可怕，可怕的是人们不愿意去承认，不愿意去面对。这究其根本，还是因为人们的内心都有一种追求完美的情结。

有个人小时候得了小儿麻痹症，一辈子都只能坐在轮椅上生活。然而，他并没有自暴自弃，而是刻苦学习了雕刻艺术。经过自己十几年的奋斗拼搏，他终于成了闻名遐迩的雕刻家和经营雕刻精品的大老板。后来有人问他：“你如果不是有残疾，恐怕会有更大的成就吧？”他却淡然一笑说：“你说得也许有道理，但我并不感到遗憾。因为如果没得小儿麻痹症，我肯定早下地当了农民，哪有时间坚持学习，掌握一技之长？我应该感谢上帝给了我一个残缺的身体。”

人的一生总是充满了无穷的变数，面对那些先天后天的不完美，我们要学会接受，用最温和的态度面对不可能完美的自己和人生。不要苛求一切都如愿发生，生活本就如此，它给我们什么，我们就要承受什么，人就是在这种承受中得到历练而成长的，这也是我们面对生活最该保持的态度。

曾经有一个哲人说过：伟大的灵魂从来都不会欺骗自己。

我们要勇于承认自己的不够完美之处，认清自己的局限。正因为不完美，我们才会有前行的动力，能够更加努力地工作和学习，从而让自己拥有更加美好的人生；也正因为局限，我们才有创造无限未来的契机。

世界上没有完美的人生，也没有一个完美的人。罗斯福曾连任四届美国总统，但很少有人知道他曾经是一个信奉巫医、酗酒成癖的人；丘吉尔是英国历史上最著名的首相，1953年的诺贝尔奖获得者，但他也曾是一个贪睡、贪酒的人，曾经两次被赶出办公室，上大学期间还曾因吸食鸦片差点被学校开除。但他们诚恳地承认了自己的缺点，并勇敢地改掉了这些不良的嗜好，经过不懈的努力，最终成就了伟大的事业。

别做被责任感驱使的陀螺

从小父母和老师就教育我们做人要有责任感。步入了职场之后，老板和上司会时时提醒员工，做事要有责任感。在竞争激烈的现代社会，责任

感更成为我们为人处世不可缺失的品质之一。然而，当责任感走到极致，超过了一定限度的时候，它就会成为我们心里的包袱了。

生活中有一些看似很干练的人，他们做事向来都是风风火火，想问题也很全面，凡事都喜欢操心，可一旦结果与努力的方向不一致，就会产生内疚感。他们的责任心特别重，做事不甘落后于人，更不能容忍被人指责。

在同龄人中，他是大家愿意效仿的对象，在后辈们眼里，他们很自然地成为晚辈尊重的人物，但他们其实活得很累。由于责任心强，他们总想控制形势的发展，有时一点点出乎意料或者在他掌控之外的变化，就会在他心里激起很大的波动。

克劳斯从小生活在一个不和谐的家庭，他的父母感情不好，时常吵架。克劳斯知道，虽然父母都非常爱他，但是他们性格不合根本已经没有感情了，不离婚也是为了他和他的两个弟弟。

克劳斯家里很贫穷，但是父母从来都不会吝啬在他身上花费金钱，加上他又是家里最大的孩子，因此克劳斯从小就对自己说：一定要挣钱，让父母和自己的两个弟弟过上好日子。

大学毕业后，克劳斯去了一家建筑公司上班，这个信念支持他努力工作，每个月大部分薪水都寄回家里。随着父母年纪的增长，克劳斯自觉地将全家责任都背到自己身上。于是为了挣更多的薪水，他只好不停地加班，最后，因为劳累而病倒了。

现在流行一个词叫作“过劳死”，说的就是员工因为过度劳累而死亡。曾经有一份报告显示，现在每年“过劳死”的数量惊人。在台湾，甚至因此修改了“劳动基准法”，用提高雇主违反该法的惩罚力度，来遏制这种现象的发生。然而，在现实生活中，这种“过劳死”现象大多都不是老板雇主造成的，而是员工自我的精神压迫造成的。

现在社会上有许多人喜欢争强好胜，要求完美，把责任都往自己身上揽，苛求自己，同时他们急躁、缺乏耐性，一旦达不到要求，极容易失望进而强烈自责。造成他们这种心理的原因有两个，一个是追求完美，另一个就是有过度的责任感。正因为这样，他们做事谨小慎微、一丝不苟、优柔寡断，甚至敏感多疑。

许多人为了一件事确实无误，还会让责任感膨胀扩大，从而多次反复地去重复检查同一件事情。就比如说，我们经常遇到这样的状况，一个人锁完门之后，又再度回去接二连三地确认门是否锁好了。这些人认为自己对家庭的安全负有极大的责任，从而增强了自己检查的渴望和重复确认行为的渴望，致使他们在明知门已经锁好了的情况下假如不反复检查就会深感不安和焦虑。

还有些人因为这些过度的责任感，变得过度的谨慎，很难区分事态的危险程度，所以即便是在毫无危险可言的情境中，也让自己的责任感处于一个很高的水平，从而导致自己的神经一直处于紧绷的状态。

艾伦是个优秀的青年，二十多岁就成了一家大型银行的总裁助理。老板看重他的沉稳踏实，所以对他委以重任，经常将一些重要的工作交给他来完成。艾伦自然不敢有一丝一毫的马虎大意，总是在心里不断地提醒自己“要谨慎，要小心，要负责任”。

他把所有心血和精力都投入到工作中，加班成了家常便饭，就是下了班也不敢松懈，老惦记着工作上的事。有点错漏，老板批评一句就得自责半天，精神长期处于紧绷状态。久而久之，他的情绪开始不稳，越来越暴躁，渐渐地失去了平常心，工作中的纰漏也越来越多。最后，老板无奈之下，只好将他调到了其他部门。

适当地抑制自己的责任感，并不是不负责任的表现，有的时候恰恰是为了担负起更长远、更重大的责任。人生不能做一次性买卖，拥有健康的心态才是进取之道。

面对工作或是生活中的一些重要事件，有些人可以应对自如，但是

有些人却最终被压垮，其区别在于自我情绪的调节。有些人情绪调节能力差，找不到积极的应对方式，从而使自己身心俱疲。有的时候，调整一下心态，看淡一点得失，对事物就容易看得宽，放得开，从而取得心理上的平衡。

如果你不是无瑕的神，何必要求他是完美的人

很多人总是喜欢追求完美，无论是对人还是对己，都要求严格，几近苛刻，并乐此不疲地为之奋斗不息。然而，人无完人，十全十美的人在现实生活中根本不存在。

曾经有人这样形容爱情："人没有资格苛求爱情完美，因为你本身就不完美，所以你的同类也是如此。"

曾经有一个笑话，说一个人娶了一个韩国美女，结果一年后生出来的孩子却其丑无比。丈夫很费解，于是不停地追问妻子，最后那位美貌的妻子终于道出了其中的缘由：原来这位美女原先长得也很丑，那美丽的容貌都是整容整出来的。

丈夫得知后很生气，就与美女离了婚。又过了一年，两人再次相遇，美女又再婚了，丈夫虽然不算太优秀，但是对她很好，两人很恩爱。而这位男子却因为太挑剔，一直找不到合适的对象。他总是嫌弃女方这样那样的不好，而他看得上眼的，却也因为他有过婚史或是其他的原因而看不上他。

在《非诚勿扰》的一期节目中，有一位女嘉宾在牵手成功后说了一句话："其实我们都是不完美的，我们理想的那个人还未出生，我们对待别人应该多一点宽容和理解，少一点责备和埋怨！"

有一个人单身了半辈子，年近五旬时却突然结了婚，新娘年纪和他差不多，是个风韵犹存的妇人。在婚礼上，有个认识新娘的人对旁边的人窃窃私语道：“那个女人嫁过三个丈夫，结果都离了，现在老了，让他捡了个剩货。”

不知怎么的，这话后来传到了这个人的耳朵里，不过他听了只是笑笑，并没有生气，也没有争辩什么。朋友们知道了，都觉得他非常有度量，同时也有点为他抱不平。

有一回他和一个朋友开车出去玩，路上朋友问他，当初听了那些话，心里是怎么想的，怎么会一点反应都没有呢？

他却淡淡地说道：“离过婚了又怎么样，世上哪有完美的人？想想我们自己，还不是一样，谁都年轻过，谁年轻的时候没有做过几件出格的事情？”

说着他就笑了，有几分得意地说：“而且结过婚也不光只有坏处，她第一次嫁的是山东人，第二次是上海人，第三次是意大利人。现在她做的一手好菜，南北菜系都精通，还外加意大利大餐，而且年纪大了，也脱了浮华，少了娇气，还会布置屋子，也懂得享受生活。我反而觉得我赶上的是她最好的时候。”

这个世界上没有十全十美的人，我们自己不够完美，又怎么能要求别人做到完美呢？不知道大家是否都看过这样一段评价。

女人说：“这个世界上的男人有才华的长得丑，长得帅的挣钱少，挣钱多的不顾家，顾家的没出息，有出息的不浪漫，会浪漫的靠不住，靠得住的又窝囊。”

而男人则说：“世界上的女人漂亮的不下厨房，下厨房的不温柔，温柔的没主见，有主见的没女人味，有女人味的乱花钱，不乱花钱的不时尚，时尚的不放心，放心的没法看。”

我们不能总是以完美来要求别人，遇到什么事，还是要从自身找一下原因的。不能只看到别人身上可能微不足道的缺点，也许你所关注的别人身上的缺点，也就是你自己拥有的缺点。应该学会包容，给别人以尊重，

那么，别人回应的也是尊重。

曾有一位科学工作者在谈论自己家庭的时候说道：“刚结婚的几年，我把闲暇的时间都花在了与丈夫争执该谁做饭谁洗碗的问题上了。幸运的是，我们的婚姻维持到了我明白该如何解决问题的那一天。我发现他似乎更喜欢做饭，而我从不介意洗碗的差事。我们原来可以避免这么多的争吵！”

在现实生活中，很少有人际关系可以完美到不受这些的影响。我们在激昂地维护自己观点的同时，也在伤害我们所珍惜的人际关系。

我们经常能够听到一些企业的管理者动不动就说，自己是一个追求完美的人。诚然，在各个方面的某种高标准、严要求，在一定意义上能够把事情做得更漂亮。然而，大多数强调完美的领导者，显然做得都不太“完美”。十个人中有八个人在性格、为人或者处理事情的方式上更倾向于极端，动辄指责下属，对事情横竖都不满意。他们普遍都认为自己想到的、自己要求的才是最好的。

在职场中，我们总能遇到事事追求尽善尽美、眼里容不得半点沙子的完美主义者。然而，世上没有完美的人，自己本身就是一个在处理事情上存在缺陷的人，又有什么资格要求别人完美？

因为有不足，所以才会有长进

中国人凡事都讲究一个“圆满”，喜欢圆满的事物，认为这样吉利，会带来好运。这本无可厚非，但是真的一切都圆圆满满才会好吗？

其实，人就像一颗颗有缺陷的种子，不可能一生下来就是完美无缺的，正是因为不完美，才会不断学习更多东西。很多人常常抱怨自己生活中的不如意，殊不知其实不足有时候也是一种美丽，正是因为生命有了不足，我们才有了前进的决心和动力。

杂交水稻之父袁隆平在研究出高质量的杂交水稻之后，依旧孜孜不倦地对它进行改进，从而使得产量不断地攀升。在一次媒体采访中，当记者问起他这么多年来艰苦研究的动力是什么的时候，他只是淡淡地说了一句："因为还有人挨饿。"

是的，正是因为不完满，所以我们才有前进的动力和进步的余地。苏秦正是因为早年出使秦国，游说秦王失败，才认识到自己的不足，才会悬梁刺股，刻苦读书，最后成功说服六国，佩六国相印，合纵抗秦。

在生活中，我们不要为有不足而烦闷和忧愁，应当积极地面对人生。这样，我们就会发现正是不足才让我们达到了人生真正意义上的完美，有的时候不足正是人生的转机。

AVIS国际租车公司在1946年率先推出机场出租汽车的经营模式。然而，十多年之后，这个行业随着众多企业的加入，竞争逐渐激烈起来。由于经营策略不当，随着对手业绩持续的攀升，AVIS公司最后竟然面临严重的亏损。

于是，AVIS推出了它们在广告史上的一句名言，那就是：我们不是第一，所以我们更努力。这也成为AVIS的经营理念。正因为这样，三年之内，该公司市场占有率提高了三倍多。

做老大的态度是："不要做错事，不要犯错，那就对了。"做老二的态度却是："做对事情，找寻新方法，比别人更努力。"

通常坐在第一位的人，比较容易存在不要犯错的心理，也就是为了维持第一名，却失去了突破的勇气。而没有第一名压力的人，如果能用做对事情的心态，努力找到自己的不完美所在，加以改善之后，反倒更积极发挥了自己的优势。

李开复在担任谷歌中国总裁期间，有一次在北京大学演讲时说："谷歌之所以能够发展成为世界三大搜索公司之一，很重要的一点是我们总是能够发现工作中的不完美并加以改正。"

世界上没有任何公司是能够依靠不犯错误或者说绝对完美成功的，就像做人一样，没有哪一个人可以说自己是一个十全十美的人，不会犯一丁点儿的错误。当一个公司认为它没有问题绝对完美时，就是最大的问题。

没有问题有时也许正是企业最大的问题，它会麻痹我们，使我们停滞不前，不思进取；相反，工作中或生活中的一点不足，不仅不会阻止我们前进的脚步，反而会激励我们不断前进，不断思考和探索生活的真谛。

在日常生活与工作中，我们不能杜绝所有缺陷和问题，但我们可以超越并升华它们，并在生命的不足中不断地前进。如果我们能把缺陷当作追求成功、追求完美的某种动力，我们就大可不必为人生路上所谓的种种不足而耿耿于怀了。

苹果公司的生存理念是：只有不完美才能促使进步去追求完美。我们可以看它的LOGO，是一个咬过一口的苹果。咬过一口，说明它有不足，它就不完美了，这正是要告诉所有苹果的员工，我们还不够完美，我们还有不足，所以我们还要加倍的努力。

如果人一出生就是完美的，就已经完美到头了，没路向上走了，那就只有一年一年退化，只有一点点向缺陷发展。正是因为这个世界上有太多的不足，我们才可以向着完美的方向努力前进，因此我们才会有希望与追求，才会有进步和发展可言。所以说，残缺和不足其实才是进步的奠基石。

有瑕疵才能呈现真实之美

有人说："完美的东西是一种美，但瑕疵更是一种美！"太完美的东西往往给我们一种很不真实的感觉，残缺、具有瑕疵的事物或许更具有真实感。现实中许多人的潜意识里都排斥一切具有瑕疵的东西，他们都渴望完美，推崇完美。

然而，完美却未必真实，就像是装饰花，虽然它永不凋谢，但它终究只是个装饰品。它没有花本应拥有的芳香及生命周期，它的作用，永远都只是个摆设。而真正的花朵即便它会凋谢，会枯萎，但它有装饰花没有的芬芳，有装饰花没有的娇艳，有装饰花永远也不会有的真实。

她外出旅游，因为当地盛产玉石，所以决定买块翡翠坯料，请雕刻家刻个挂件。她害怕自己不懂，买到假货，于是就找了个懂行的朋友帮着挑选。

她与朋友一起来到玉料市场，在一个摊位，她看中了一块玉石。那块玉光润通透，通体莹白，看着非常好看，但是朋友却说：“这不是翡翠，而是与翡翠伴生的水沫子，是假货，不值钱。”

在另一个摊位，她又看好了一块，这块色彩斑斓，没有一丝杂质，她非常喜欢。可是朋友又说：“这也不是什么好货色，虽然看着漂亮，但却是经过化学药剂处理的，值不了什么钱。”

之后，她又挑选了几块，但都被朋友否决了，最后，朋友对她摇了摇头笑道：“看来你的确是个外行，还是我来给你选吧！”

朋友走到一个摊位上，拿起一块毛料，仔细地看了半天，然后递给她说：“就这块，你看怎么样？”

她接过后在手里端详了半天，不是太满意。她说：“这还不如前面看到的那两块呢！不过你是行家，你说好那就是真的好。”

朋友笑着说：“这才是真正的天然翡翠，没有杂质的翡翠是不存在的，要想买真货就必须接受里面的杂质。”

真正的翡翠不可能没有瑕疵，真正的生活也不可能完美无缺，我们不可能因为它不完美而就不去接受它。或许，生活也像翡翠一样，正是因为存在些许瑕疵，才呈现出真实之美。

奥巴马是美国第一位拥有黑人血统的总统，他的童年有很长一段时间都生活在印度尼西亚，过着贫苦的生活，很小的时候父母就离异了，经历了一个非常不幸的童年。但正是因为他的经历有这么多的不幸，才让人倍

感亲切。

这正如他的自传《奥巴马的梦想之路》中所说：我家庭的不完美、我成长之路的不完美、我自己的不完美与挣扎，都毫不保留地呈现出来。他的故事，因为不完美而真实。

世上没有完美的人生，如果有，那也只能出现在剧本里，但是人生不是剧本，不可能有排练，也不可能有重来。真实的人生不会永远都是一帆风顺的，想要体会一个真实的世界，就要忍受生活中的那些小瑕疵。

一位慈善家决定给一个学校捐一笔巨款，但是在捐款之前，他决定先到这个学校去看看。校方对慈善家此次的参观非常重视，校长连同几位副校长都全程陪同。在学校领导的陪同下，慈善家听了几节学校老师讲的课。几位老师讲的课都非常精彩，学生们的表现也堪称完美。然而，这位慈善家的眉头却始终紧锁。

在慈善家听完一堂数学课之后，突然心血来潮，决定去旁边的一间化学实验室看看。这是在计划的行程之外的。这样一来校方有点紧张，也不知道是哪位老师在上化学课呢，过程中出了什么差错，捐款岂不是泡汤了？但是慈善家执意要去，也只能听从。

他们赶到化学实验室的时候，正好赶上一位女教师指导学生进行实验。在实验过程中，因为校领导陪同慈善家突然到来，那位学生一时紧张，弄错了实验的步骤，实验失败了。校领导顿时脸色大变，都望向慈善家，然而却见到慈善家紧锁的眉头舒展开了。

慈善家说：“课堂教学是一种体验，体验中难免出错。没有差错的课堂是不真实的课堂，不完美的课堂才是最真实的。”

一节完整的课，如果从前到后，自始至终，没有学生的差误，没有老师的出错，一顺百顺，那这还能算是课堂吗？这充其量是一场表演罢了。课堂正是因为有了不完美的错误才变得更加精彩，师生正是因为有了遗憾和失误才显得更具灵性和富有个性。同样的，人生也是如此，正是因为有了瑕疵，我们的生活才会这般丰富多彩！

其实人生没有真正的完美，只有包含瑕疵的人生才是真正的人生。人生没有一帆风顺，只有披荆斩棘才能越走越远；人生没有永远的成功，只有在挫折中能够站起才是真正的不败。

追求美，但不是完美

现实生活中，没有人会不喜欢美的东西。许多人踏遍名山大川，只是为了领略美丽的风景；许多人走遍大街小巷，只是为了品尝美好的味道；许多人流连于大小音乐会场，花很大的价钱买音响设备，就是为了享受美妙的音乐；而还有许多人，四处寻访，只为了发现美好的心灵。人的一生几乎都在追求美，用我们的眼睛去看，用耳朵去听，甚至用心灵去感受。

追求美是人之常情，然而这种追求一旦变得苛刻，那就变成了追求完美。想着去追求完美，那美的事物就在我们眼中失去了光华。因为现实中的美，是经不起推敲的。

从前，有一个渔夫出海捕鱼，结果从海里捞出了一颗珍珠。这颗珍珠晶莹圆润，硕大无比，价值连城。渔夫对它爱不释手，唯一有点美中不足的就是，这颗珍珠上有一个小黑点。渔夫心想，要是能把这个小黑点去掉，那这颗珍珠就完美了，肯定会成为无价之宝。于是，他就开始耐心地剥剔黑点。

果然，剥掉一层之后，那个黑点就淡掉了一些，可是珍珠也小了一圈。渔夫很不甘心，于是又剥掉了一层，可是黑点还在。为了能有完美无瑕的珍珠，他决定再往里剥……就这样，剥了一层又一层，最后黑点终于不见了，不过，令人惋惜的是，这颗硕大的珍珠也已不复存在了。

如果对一件事物刻意地去挑剔，那就算它再美都会有欠缺的一面。完美只是一种幻想，实际上完美是不存在的。现实中，我们都会看到这样的例子，许多大龄青年，他们的条件非常优秀，有着高学历，高收入，相貌也非常出色，个人素质更是没得挑。可这样一群优秀的人，最后却成了“剩男剩女”。究其原因，就是因为追求完美。

在他们身边总会有许多追求者，而在他们眼里这些追求者总是有着大大小小的毛病。他们总是想等待着一个完美的人出现，结果等着等着就把自己等剩下了。

追求完美的人总是会因为对事物和环境过度要求完美，而陷入希望完美——失望——更希望完美的恶性循环中，因此追求完美其实就是在和自己过不去。

追求完美的人在工作中，总是严苛地要求自己把事情做到最好，不放过任何一点小瑕疵，做任何一件小事情，都想做到尽善尽美。他们害怕失败，哪怕是一次小小的出错，他们对周围的人和事也总是以挑剔的眼光来看待。他们根本就没有想过这个世界根本就没有完美，他们这么做只是在自我折磨，在一点一点地把自己推入失败的深渊。

美国有一位教授，天资卓越，智力更是超乎常人，他的逻辑性非常强，特别善于推理，还具有惊人的注意力和坚韧性。他一天坚持工作20小时，第二天早上仍然能够照常上班。但就是这样一个拥有超高才能的人，却只能一直默默无闻地待在一所大学里面当助理教授。

这不是因为他的天资不够，也不是因为他不够努力，而是因为他未能克服自己追求完美的个性。比如说，他要撰写一篇论文，将会在尝试5种、10种、20种乃至30种不同的方式之后，才开始动笔。但是，又会发现每一种做法多少都有些错误存在，都不尽完善，而他非要寻找到“绝对完美”的方式不可。所以，他就把这项方案暂时搁置起来，又去想一些其他的事情。他总是“不愿意出现任何一种失误，从而损害自己的声誉”。因此，他有无穷的烦恼，结果什么也没有做到。

追求美和追求完美，两者有很大的差异。前者是可以达到的，是令人满足和健康的；而后者则是达不到的、令人沮丧和神经质的，还会极度地浪费时间。

英国一家连锁超市的负责人曾提出一个“合理的近似值”制度。他认为那些热衷于完美的人其实是非常浪费时间和金钱的，他们原本可以更好地运用和分布自己的时间和精力。所以他的座右铭是：禁绝为完美付出代价。

我们追求美，为的是给自己或者他人带来美的感受，是为了激发自己的斗志和激情，但倘若追求太过了，因为追求美而丧失了对生活的热爱，那么这种追求就没有丝毫意义了。

在现实生活中，完美可以说是一句很有诱惑力的口号，却也是一个漂亮的陷阱。完美就像是罂粟，是一种诱人上瘾却又很难摆脱的艳丽花朵。一旦成为了“完美”的瘾君子，就会在这个泥沼中越陷越深而无法自拔。

第二章

别跟快乐过不去，太较真活得累

这个世界本来就不公平，何须抱怨

我们每一个人从降生到这个世界上的那一刻开始，怎样的成长环境、怎样的家庭背景就已经注定，这些都是无法改变的。就像有人生来就继承父母漂亮的脸蛋，有人生来就继承父母卓越的智商，而有人一生下来就注定是千万财富的继承者。

比尔·盖茨的座右铭是“这个世界本来就是不公平的！”但这句话不是我们颓废和自暴自弃的理由。我们不该抱怨世界不公平，因为我们人生就是为了和不公平斗争，出身贫寒的人，也照样是可以白手起家的。

戈壁滩上落下了两粒种子。一粒种子惊呼道：“天哪，太阳这么毒辣，天气这么炎热，却连一点水都没有，这可让我怎么活呀!”于是，它在唠唠叨叨的抱怨中死了。

而另一粒种子却没有丝毫抱怨，它只是默默地把根向地下扎去，用尽力气吸取着每一点水分。它说：“我应该是一棵树，我的责任就是为大地添一分绿色。”最终，它长成了一棵胡杨，拥有了能抵抗风沙的躯干。几百年后，这片戈壁变成了一片绿洲，因为这里出现了一大片胡杨林。

每个人都是一个与众不同的个体，从出生那一刻开始，就等于开始了一条只属于自己的漫漫人生路。虽然我们不在同一条起跑线上，但却也因此有了不一样的沿途风景。抱怨是没有任何意义的，至多不过是暂时的发泄，可是结果却什么也得不到，甚至可能会让我们失去更多的东西。

2000年的世界杯上，意大利在八分之一决赛中输给了韩国队，愤怒的

意大利人大肆攻击裁判，甚至还有人围攻韩国驻意大使馆。然而，当时任中国队主教练的米卢却这样说："意大利人在批评裁判时，更应该想想自己的表现是否合格，你们是三届世界杯的冠军得主。裁判在上半场判给韩国队的点球毫无争议，意大利后卫禁区犯规的动作非常明显。而至于加时赛给托蒂的第二张黄牌，事实上是处罚严重了，但绝对不能成为输球的理由，输球的根本原因是意大利队本身表现不佳。"

有的时候，客观的条件也许并不是很公平，但不是有一句话"命运是掌握在自己的手中"的吗？只要我们接受不公平的事实，积极而努力地去改变命运的不公平，那并不是就不能改变自己的命运。

有一个女孩从小就立志做一名优秀的运动员。但是因为她个子矮，手脚粗短，根本不符合体校的要求，体校的大门没能向她敞开。于是，她跟父亲学起了乒乓球，一学就是5年。后来父亲将她送到省乒乓球队去深造，然而，去后不久，却因为没有发展前途而被退了回来。倔犟的她并未因此而怨天尤人，相反却训练得更加刻苦。

1986年，年仅13岁的她，临时顶替河南省代表队一名生病的运动员参加全国乒乓球锦标赛。这个替人上场的矮个子姑娘却爆出了本届乒乓球赛的最大冷门，她接连击败了几位在当时很有名气的"国手"，一举登上了冠军宝座。

赛后，这位曾被判为"没有发展前途"的小姑娘成了国家乒乓球队副教练、女队主教练张燮林手下的一名女弟子，从此，开始了她称霸国际乒乓球坛之路。自从她1986年拿到第一个全国乒乓球锦标赛的冠军开始，到1997年5月的第四十四届世界乒乓球锦标赛，在短短的11年间，她一共在各种全国性和世界性乒乓球大赛中拿到153个冠军，成为了名副其实的"乒乓皇后"。她的名字叫邓亚萍。

邓亚萍曾经这样说："我并不信命。每个人的命运都掌握在自己手里。有人说我命好，为世界乒坛创造出了一个'常胜将军'的奇迹。我觉得，我可能天生就是打乒乓球的命，但上帝不会将冠军的桂冠戴在一个未真诚付出汗水、泪水、心血和智慧的运动员身上，我自己满身的伤病就是证明。”

俗话说：“满桶水不响，半桶响叮当。”装了半桶困难的人一直都在喋喋不休地抱怨不公平，而装了一桶灾难的人，却默默不语地忍受着，努力奋斗。许多人从懂事起就总是在抱怨，抱怨自己生不逢时，没有出生于名门贵族，不是绝顶聪明，却从来没有想过自己是否付出过辛勤和汗水。

陈胜起义的时候，说过一句话：“王侯将相，宁有种乎？”这个世界并不是只有比尔·盖茨能够缔造IT神话，也并不是只有亨利·福特能够驰骋汽车王国，只要努力了，轮椅上也能出科学家，病床上照样可以出建筑师。

这个世界本来就没有绝对的公平，我们的抱怨没有任何意义。在工作中一味地抱怨，反而只会让自己离成功越来越远。其实，当我们定下心来，踏实工作，努力奋斗，不再抱怨，不再怨天尤人的时候，成功也许就会来敲门了。

越描越黑干脆不描

误会，这绝对不会是一个多么美好的词，我们不喜欢它，可它却总是出现在生活中，搅乱了一切世俗间的关系。误会的危害绝不可小觑，它可以将多年的感情化为灰烬。因为一个小小的误会，夫妻反目，朋友之间翻脸的事情数不胜数。

有的人说“解释”是消除误会的最好方法，然而，现实生活当中，许多误会并不是光靠解释就能消除掉的，解释反而会让人觉得你别有用心，从而越描越黑。所以，这个时候，不如保持沉默，时间终究会证明一切的。

居伊·德·莫泊桑是19世纪后半叶的法国优秀批判现实主义作家，他一生写短篇小说将近300篇，被誉为“短篇小说之王”。然而，这位与契

诃夫和欧·亨利并列世界三大短篇小说巨匠的大作家，在相当长的一段时间里却被人骂成是“势利小人”“走狗”，甚至是“给文学丢脸的人”。

19世纪80年代，因为那时候的莫泊桑在文学界已经小有名气，所以有许多喜欢附庸风雅的贵族豪门经常会邀请他去家中做客，或是参加上流社会的一些活动。对于这些，莫泊桑从来都没有拒绝。

因为如此，当时的法国文学界对他相当不满，觉得他简直就是在给文艺界丢脸，更有甚者，甚至骂他是“趋炎附势”的小人，是贵族的“走狗”。对于这些言论，莫泊桑置若罔闻，就像是从来没有听到似的，依旧天天出入那些权贵的府邸。

直到几年之后，他的《温泉》《皮埃尔和若望》《像死一般坚强》《我们的心》《一生》《俊友》六部长篇小说问世，这些作品大肆批判了当时政界与上流社会的种种弊端。这时候，大家才知道，原来，莫泊桑之所以不拒那些贵族的邀请，正是为了贴近他们的生活，以便更加了解他们的糜烂和奢侈，从而将这些社会现象有理有据地揭露出来。

一时间，几乎所有批判过他的作家和思想家都上门致歉，可莫泊桑却只是轻描淡写地说了一句：“有些误会不用解释，总有一天大家会明白。相反，我如果从一开始就不断解释，恐怕也没有什么效果，反而失去了观察上流社会生活，从而证明自己的机会。”

我们一定要清楚地知道，当你为了反抗误解而挣扎时，那些排山倒海的打击会来得更加汹涌，更加难忍，反而在你做出无声的回应时，你会惊异地发现，外界也会随着你的平静而平静。因此当我们遭遇误会，有的时候我们无须为此而挣扎，因为越是挣扎就陷得越深，你只能以沉默来回应这场风暴，到最后一切问题将不攻自破。

当误会出现的时候，大多数人只会一味地向别人解释事情的前因后果，但却从来都不会考虑对方是否会接受你的解释。聪明的人则会审时度势，做出是否要解释的必要。即便是真的需要解释，也要注意限度，解释过了的东西，如果别人还是不肯相信，就不要再多说什么了，那就这样吧！

迪文是一家汽车销售公司的员工，一天，他因为一笔交易的失误被老板叫到了经理室训斥。当老板训斥完，他离开的时候，却忘了关门。这时，正好一阵风从窗外刮了进来，经理室的门“砰”的一声自行关上了，声音大得吓人，估计整栋办公楼的员工都听到了。

迪文起初没有在意，但是过了一会儿，心里突然一个激灵，立马想到了一个问题：“老板刚骂完我，就出了这事，他会不会觉得我是心里有怨气呢？”于是他立即来到了经理室，向老板解释那件事情。

老板本来没有在意，但是听了他的解释，反而心中起了疑心，心想迪文要是心里面没有鬼的话，又何必解释呢？于是，没过多久，就找了个借口，把迪文辞退了。

其实，人只要做事，就难免会做错事，有的时候，解释反而会加深误解，聪明的人知道在什么时候应该放弃解释。

当你为错误付出代价，请学会原谅自己

人这一生很不容易，总是在磕磕绊绊中，亦步亦趋地前行。在纷纷扰扰的事物的纠缠中，难免会犯这样或是那样的错误，那么该如何面对自己的错误是一个值得思考的问题。

有的人犯了错不但不知悔改，一犯再犯，还为自己的错误找出诸多的理由，而有的人则对自己所犯的错，耿耿于怀，一味的后悔莫及，陷入自责的泥潭不能自拔，以至颓丧。前者自然不是对待犯错的正确态度，而后者也未必可取。

法国文学家雨果说：“尽量少犯错误，这是做人的准则；不犯错误，那是天使的梦想。”其实，面对错误的最好方法，应该是从错误中吸取经验和教训，从而尽快摆脱错误所带来的负面影响，走出错误的阴影。

乔治进入保险行业刚满一年，因为表现优秀，很受上司的器重，他也下定决心要做出一番成绩来。一次，上司要他负责一个企划案，为一个重要的会议做准备，还透露说如果这次企划案能赢得客户的认可，他将有机会升任公司在德州分区的分区经理。

自从一个月前，德州分区的经理离职之后，这个职位便一直空缺，公司中的许多人都紧紧地盯着这块肥肉。对乔治来说，这是个千载难逢的机会。他非常卖力，每天都熬夜准备这份企划案。

可是到了会议那天，乔治却因为连续夜以继日地工作，加上精神过度紧张，身体出现了问题，发言的时候脑子混乱，辞不达意，会议因此而数次中断，最后的结果可想而知。

失去了一个这么好的机会，乔治为此懊恼不已。之后，由于他一直纠结于这件事上，工作状态一直不好。几次小的失误后，他对自己更加不满。以前自信的他，现在忽然觉得自己不适合这份工作，不然为什么老是在关键时刻出错呢？

他始终沉溺于过去的失误中，不能原谅自己，自信心渐渐丧失了，情绪也变得越来越差，就连上司和同事的劝慰也听不进去。任何的工作他都没有信心做好，最后不得已，只好递交了辞呈。

犯错其实并不可怕，可怕的是我们失去了面对它的勇气，让自己永远都沉溺于错误的深渊中无法自拔，失去了当下生活的乐趣和心情，也因此失去了明天和美好的未来。

现实中，许多人都会为了一个已经过去很久的错误而耿耿于怀，始终都不肯原谅自己，甚至在内心深处还憎恨自己，可是不原谅又能如何？代价已经付出就不能收回了，我们的心情应当从错误中走出来，因为生活还要继续。

一个女人结婚三年后，才生下第一个孩子。她非常爱她的孩子，一天夜里，由于之前孩子一直哭，她没休息好，等好不容易把孩子哄睡，她也很快进入了梦乡。可是，在睡梦中，她不小心让被子蒙住了孩子的头，因为她太累了，睡得很死，居然没有发现。等她醒来的时候，孩子已经停止了呼吸。

女人抱着孩子的尸体号啕大哭，她认为是自己杀死了自己的孩子，整天嘴里都喊着：“我该死，我有罪……”一连几天几夜不吃不喝，就这样大喊大叫，任谁劝都不听。最后，她疯了。

一个人如果过于自责，就无法走出深渊和迷雾，无法看到希望的曙光。我们不如这样想一想，错误既然已经犯下了，再惩罚自己有什么用呢？我们已经为此付出了沉重的代价，那为何还要让这个代价继续扩大呢？

学会原谅自己，不是放纵自己，而是让自己更清楚地认识自己，在以后的人生道路上更好地完善自己，使自己变得更优秀。不原谅自己，会凭空多了很多不必要的烦恼。

人非圣贤，孰能无过？平凡的我们犯错误是难免的。太把错误当回事，只能让自己的烦恼加倍。要允许自己犯点错，犯了错误，或者事情没有做好，自嘲地对自己笑笑，好好吸取教训，然后潇洒地走出烦恼。

原谅你自己比苛刻要求自己永不犯错更加明智。人生是不能回头的，已经过去的不幸，就把它晾在时间的绳子上，不要纠缠在错误中不能自拔。有些人总喜欢站在错误的原地打转，不能朝前走。实际上每个人的生活都是在不停地犯错中向前的，不要苛求自己，原谅自己，才能真正走出自己制造的茧。

不为别人的伤害埋单

有的时候，别人犯了错误，伤害到了我们，我们会因此而愤怒、生气，感到郁闷，甚至好几天都没有笑脸，心里总是耿耿于怀，放不下。其实，这并不是一个明智的做法。

人的一生难免会遭遇不同的人和不同的事，与人交流总是会发生磕绊或是摩擦，总有因为别人的错误而受到伤害的时候。这时，我们也许不能像圣人一样包容一切，看淡一切，但也要学会原谅别人，不要去斤斤计较。因为，生气、愤怒都只是在用别人的错误来伤害我们自己。我们也许不能完全避免受到别人的伤害，但是也不应该再为别人的伤害埋单。

曾经有一个男孩，他的脾气暴躁，总会伤害别人，于是父亲将他带到一段篱笆旁，交给他一些钉子，让他每伤害别人一次就在篱笆上钉一颗钉子。随着时间的推移，男孩渐渐学会了克制自己的情绪，篱笆上钉子增加的速度越来越慢。直到有一天，上面的钉子不再增多了，于是，父亲又将他带到篱笆前，跟他说每安慰一个人就拔掉上面的一颗钉子，直到全部拔完为止。男孩照做了。

终于有一天，钉子被拔完了，留下了密密麻麻的钉眼。这时，父亲指着篱笆上满满的钉眼对他说："看见了吗？伤害别人就像钉钉子，虽然你可以将钉子拔下来，钉眼却无法愈合呀！"男孩听了若有所悟。

有一天，男孩遇到了一个女孩。这个女孩经常被人伤害，可是只要别人稍加安慰她就会高兴起来，完全忘记了被伤害的痛苦。男孩知道后十分不解，他问那个女孩，你心上为什么就没留下"钉眼"呢？女孩同样也将他带到篱笆旁，说："很多人的心就像这篱笆，是用死木做的，而我的心就像一棵树，是活的！”

死木牢牢地记忆着受到的每一次伤痛，结果伤口越积越多，最后只能被摧毁，而大树却能从自然中汲取养分来愈合自己的伤口，从而忘掉伤痛，继续成长。

每个人的人生都不会是一片坦途，荆棘坎坷与磨难总是会有的，如果我们始终都背负着过去的磨难上路，那迟早都会被这些磨难摧垮。

拥有一颗大树做的心，放下昨天的苦涩与磨难，忘掉别人曾经带给你的伤害，这样我们才能自由地沐浴阳光和雨露，才能在生活的道路上走得更加的轻松惬意。

曾经有一对夫妻，他们生活中相敬如宾，工作中相互照顾，还养育了一个聪慧的孩子。他们的生活常常让身边的朋友羡慕不已。直到有一天，丈夫去电信公司打自己的话费详单，顺便也将妻子的电话单打了一份。

就是因为这个详单，让他的生活发生了转折。他在妻子的通话详单中发现有一频繁的号码。他们几乎每天都在联系。丈夫的心冰凉到了极点，曾经以为自己有俊朗的外表，出色的能力，是妻子心中永远的白马王子，却没曾想，这一切却如同泡影一般是虚幻的。

他拿着电话单去质问妻子。妻子是个诚实的人，她坦白交代了和这个男人维持了长达两年之久的电话关系，在这期间，还见过几次面，两个人仅是相互有好感，并没有发生什么事情。

听了妻子的回答，丈夫感到自己构筑起来的感情世界坍塌了，生活变得不再美好。自此之后，他的心里总像是压了一块石头，累得慌，脸上也没有了笑容，而这种事情，也不好向别人透露，所以就只有自己慢慢地回味自己的不幸。

他感觉到生活没有了以前的乐趣，工作也没有原来的激情了。久而久之，整个人变得抑郁，竟然得了抑郁症，自然也因此失去了工作。

在为人处世的过程中，有的时候学会宽容，学会忘记是非常重要的。正所谓：“没有过不去的事情，只有过不去的心情。”把心情变一变，世界就完全不一样。郁闷的时候，坐下来慢慢地平复一下自己的心情，有时候原谅别人，其实也是放过自己。

在现实生活中，很多人会为了一点点的小事耿耿于怀，郁郁寡欢。更有些心态极端的人，竟然想到报复，用整人，用以牙还牙来博取自身的快乐，从此让自己陷入了狭隘的深渊。别拿别人的错误来伤害自己，这只是在为别人对你的伤害埋单。学会一笑而过，学会宽容，这样我们的生活才会阳光明媚，才会五光十色。

不要指望每个人都有一颗感恩的心

有句俗话说：受人滴水之恩，当涌泉相报。但在现实生活中，并不是每一次对别人的帮助都能换回别人的感恩的。成功学大师戴尔·卡耐基说：“忘记感谢乃是人的天性，如果我们一直期望别人感恩，多半是自寻烦恼。”

有这样一则寓言：

古罗马众神决定举行一个聚会，聚会邀请了全部的美德神祇参加，真、善、美、诚以及各大小美德神都应邀出席。他们和睦相处，友好地谈论着，彼此之间交流得很愉快。

但是众神之王朱庇特发现，有两位神祇总是相互回避，不肯接近。朱庇特向旁边的诚信之神说了这样的情况，让他去看看到底是什么情况，再过来告诉他。诚信之神听从了神王的吩咐，将这两位相互回避的神祇带到了一起，并给他们相互介绍。

诚信之神问道：“你们以前是否从未见过呢？”

“是的，我们从未见过。”其中一个神祇有些不好意思地说道，“我叫慷慨。”

“久仰！久仰！”另一位神祇说，“我叫感恩。”

诚信之神介绍完之后，就去向众神之王朱庇特回报。他将两位神祇的情况向朱庇特说了，而后不解地问道：“为什么慷慨之神和感恩之神总是要逃避对方而彼此不相见呢？”

朱庇特笑了笑说道：“因为生活中慷慨的行为总是难以得到真诚的感恩。”

并不是每个人都会对你的无私帮助表示感激，而你最好也不要对那些忘恩负义的人心怀怨恨，将这些让人心烦的小事看得平淡一些，会让你多收获一些快乐。很多时候，付出本身就是一种快乐，没有必要期待自己的付出一定会得到回报，这是人生快乐的最高境界。

就拿我们自己来说，当我们把办公室打扫得干干净净，把同事们的垃圾都倒了的时候，我们是不是期望别人的感激呢？是不是希望别人对我们说声谢谢？如果别人没有这样做，我们是不是很生气呢？这个时候我们千万不要生气，要记住，人们都是健忘的，不要指望别人感激你。

曾经有一位优秀的刑事公益律师，他曾帮助七十多名死刑犯逃脱死亡的命运，更帮助无数人减轻了刑罚，但是这些人中却没有一个登门道谢的，就连寄几张贺卡写几封感谢信的人都很少，然而律师并不会因此就放弃自己的事业。

被誉为“钢铁大王”的安德鲁·卡内基在死后将他的大部分财产都捐给了慈善事业，但仍然留下小部分赠予了自己的亲人。然而这种赠予并没有获得别人的感恩，反而为他惹来了怨恨。他将自己的遗产中划出了100万美元留给自己的侄子，但是他的侄子拿到这笔钱后，非但没有感激，反而咒骂他是个傻子，居然将绝大部分的财产都捐给了慈善事业，而不是用来改善自家人的生活。

忘记感恩是人类的天性，如果你要求每次付出都有回报，那么你一定会因此而困扰。所以，与其担心他人不知感恩，不如不预期。

有一次，一位商人来找戴尔·卡耐基，气急败坏地向他诉说着自己的愤怒。原来，在圣诞节的时候，他拿出了一万多美金给公司的三十多位员工发了年终奖金，而这些员工拿了钱之后，竟然连一句感激的话都没有，就离开公司回家去了。这让身为老板的他非常生气。

卡耐基听了商人的话之后，向他说道："耶稣曾经用了一下午的时间去医治并让十个瘫痪的病人站了起来，但是这十个人当中，只有一个人对他表示了感谢。当他问其他几个人都去哪里了，门徒跟他说，其他都早就走了。像我们这样平凡的人给了别人一点小恩惠，凭什么就希望得到比耶稣更多的感恩呢？"商人听了这话，感到非常惭愧！

要想追求真正的快乐，就必须抛弃别人会不会感激的念头，只享受付出的快乐。古罗马皇帝马库斯•阿列留斯说过："我今天会碰到多言的人，自私的人，忘恩负义而不懂得知恩图报的人。我也不必惊讶或困扰，因为我还想象不出一个没有这些人存在的世界。"

其实他说得很有道理，别人不懂得感恩，这是他们的本性，我们若心里总是计较着对别人的些许恩情，期望别人的感恩，那难免就要受到痛苦的折磨。相反的，若是我们施恩不图回报，那么当我们偶尔得到别人的感激时，就会是一个惊喜。如果没有得到感激，也不至于为此伤心难过。

过去的事情可以不忘记，但一定要放下

在现实中，难免会遇到很多不如意，当这些不顺心的事情发生后，我们不必因为它而耿耿于怀，一蹶不振。无论事情是好是坏，都已经发生了，与其背着沉重的包袱受罪，不如放下包袱享受生活。

有人说，人生的诸多烦恼追根溯源就是没有在生活中学会放下。但有的时候，有些人即便明白了烦恼的根源所在也不肯放下，既然如此，为了这些包袱，就必须付出异常的心血和精力，于是原本可以轻松前行的脚步变得步履蹒跚，生活也在重压之下变得越来越艰苦，越来越累。

有一位导师有一天走进教室问自己的学生：“你们有没有讨厌的人啊？”学生们不明白导师的意思，一时都愣了。于是他又问了一遍，这时大家才开始点头。

导师接着便发给每人一个袋子，说：“我们来做一个实验。现在大家想想看，过去这一周，曾有哪些人得罪过你？他到底做了怎么样可恶的事？想到后，就去找一块石头，用小纸条把他的名字贴在石头上。如果他实在很过分，你就找一块大一点的石头，如果他的错是小错，你就找一块小一点的石头。每天把你们的战利品用袋子装到学校来给我看!”

学生们虽然都不知道导师打的是什么主意，但都感到很有趣，于是下课后，便开始找起了石头。第二天一早，大家都把装着石头的袋子带到教室来，兴高采烈地讨论着。然而，时间一天天地过去，有的人的袋子越装越大，几乎成了负担。

终于有人抗议了，一个学生说：“教授，每天带着石头好累啊！”说完立刻就有人附和了。导师笑了笑说道：“既然累了，那就放下吧！”看着学生们都有些惊愣，导师接着说道：“别人对你的冒犯，其实就像是这些石头一样，扛在身上，时间久了，谁也受不了!”

在人生的道路上，我们因为负载了太多的过去，心灵的空间因此被占满，以致无法容纳漫长的未来。于是压抑的生活便迎头而来，烦躁、痛苦也便接踵而至。这时候，我们是继续背负过去还是追寻未来，那就要看我们能否放下了。

经常有人说：人的一生中所有的烦恼，其实都是自找的。一个人与其说别人和你过不去，倒不如说是自己和自己过不去。如果你不给自己烦恼，

别人也永远不可能给你烦恼。人之所以有太多的痛苦，就是因为放不下。

歌德说："生命的全部奥秘就在于为了生存而放下。"放下曾经的辉煌，放下昔日的苦难，放下旧日的恋情，卸下所有的包袱。放下是为人处世的智慧。学会放下，放下利益与面子，放下仇恨与纷争，放下私心与争执，只有这样，才会拥有更惬意的人生，才能让自己的路因为放下而越走越宽。

托·富勒说："记忆就像一只钱夹，装得太多就会合不上，里面的东西还会全部掉出来。"过去的事情可以不忘记，但一定要放下。一旦放下，就会万般自在。无论怎样，我们的脚步都要走向前方，而不是一直回首那过往的每一个路口。

有一个富商酷爱陶壶，只要听说哪里有好壶，不管路途多远他也一定要亲自去见识见识，如果喜欢，花再多钱他也舍得。在他所收集的茶壶中，有一只龙头壶他最喜欢。有一天，一个久未见面的好友前来拜访，于是他便拿出这只龙头壶泡茶招待他。朋友对这只茶壶爱不释手，万万没想到观赏把玩的时候，一不小心竟然将它掉落到地上，茶壶应声而碎。

但富商什么都没说，只是默默收拾这些碎片，然后拿出另一只茶壶继续泡茶、说笑，好像什么事也没发生过一样。结果这位朋友非常不好意思，就问他："这是你最钟爱的一只壶，被我打碎了，难道你不难过，不觉得惋惜吗？"富商笑着说："既然都已经碎了，再对它留恋又有什么用？有这个时间，还不如重新去寻找，说不定能找到更好的呢!"

走过的岁月没有回程，错过的情感不能再来。许多事情即使回头也无法改变。已经发生的事情，既然已经无法再回头，再花费时间和精力去回想又能有什么用处呢？何不放下这些负担，清空我们的心灵，让自己轻松上路。

别总说别人怎么看，你没那么多观众

许多人都有一个陋习，就是总是习惯于太看重自己，总是认为自己是团体的中心，觉得别人总是在注视着你。然而事实却并非如此，也许你根本没有你想象中的那么重要。

在生活中，许多人都会觉得自己是聚会的核心，然而，其实你在其他人眼里，只是一个毫不起眼的小人物罢了。有一个人参加公司的聚餐，等到快要吃完的时候，他起身去了趟洗手间，结果等他出来的时候，公司的领导和同事们，竟然都已经结账离开了。他的心理大受刺激，本以为自己在单位还算是个风云人物，没想到什么都算不上。

我们身边也经常碰到这样的事情，许多人一起用餐，坐在一起的，有领导，有亲戚，有朋友，还有陌生人。突然，你一不小心，把酒杯给碰倒了，酒水洒了你一身。你慌忙拿纸巾去擦，结果忙乱中又碰翻了别的东西，这个时候，你显然会觉得很狼狈。

可是，你有没有想过，你根本就没有那么多观众。你的领导，你的亲戚，你的朋友，还有陌生人，他们都在喝酒，都在高谈阔论，都在忙自己的事情，根本就没有关注到你。你只是自己的主角，在别人的生命里，主角也只有他自己，你永远都只是配角而已。

我国著名的表演艺术家英若诚先生曾经讲过这样一则故事。他从小就生长在一个大家庭中，每次吃饭都是几十个人坐在大餐厅中。有一次他突发奇想，决定跟大家开个玩笑。于是在吃饭前，他把自己藏在一个不起眼的柜子里，想等到大家遍寻不着时再跳出来。

可是让他大为尴尬的是，大家却像往常一样，酒足饭饱之后，就各自

离开了，竟然直到最后都没有一个人注意到他的缺席。于是他只好蔫蔫地走出来，吃了些残羹冷炙。从那以后，他就告诉自己：永远不要把自己看得太重要，否则肯定会大失所望。

在一场马拉松赛上，所有的选手都在拼尽全力地跑，就算真的跑不动了，也只有咬牙坚持，因为那么多的观众在看着呢，那么多双眼睛在眼巴巴地望着呢。然而，人生并不是一场马拉松，并没有那么多观众。

很多时候我们陷于别人的飞短流长中，别人的眼神、语气、评价都可能搅扰我们的心，扰乱我们前进的路线，消磨我们奔跑的勇气。对方可能说过之后，一转眼就抛到脑后了，根本没有往心里去，可是我们自己却总是耿耿于怀，还觉得对方的目光总是停留在自己身上。

彼得留胡子已有很多年了，不过最近他觉得有些厌倦了，所以他准备把自己的长胡子剃掉，可是又有点犹豫，如果剃掉了以后，朋友、同事们会怎么想，他们会不会取笑？后来，经过数天的反复考虑，他终于还是下决心把长胡子给剃掉了，只留下了一点小胡子。

第二天，彼得怀着忐忑的心情走进了公司，他已经做好了最坏的准备来应付同事们的嘲笑。然而，让他意外的是，竟然没有人对他的胡子发表任何意见，大家都匆匆忙忙地在办公室来回走动，各自做着各自的事情，一直到午饭时间，也没有人对他的胡子做出哪怕是一个字的评价。

这反而让彼得有些无所适从了，于是他忍不住拉住一个同事问道：“你觉得我现在的样子怎么样？”

但对方却是一愣，反问：“什么样子？”

彼得说：“你没有发现我今天与往常有点不一样吗？”

同事满脸不解地看着他。彼得见此，只好抬手摸了摸自己的小胡子提示他。这时，那名同事才叫出来：“噢！原来你把胡子剪掉了。”

我们在做什么事情的时候，不要总是想着别人怎么看。首先，你要知道自己的位置，不要总是以为自己会是世界的中心。每个人都有自己的人生轨迹，都有自己的路要走，都有自己的事情要做，没有那么多人会闲着没事，天天关注着你。

其次，即便是别人关注着你，你也不应该总是活在别人的眼光当中。凡事都要有自己的主见，不要太在意别人的看法。在生活或是工作中，当我们面对选择时，决定权永远在我们自己的手中，也许有的时候我们自己的选择并不是最好的，但这最起码是你自己的选择。

自己的生命方舟要靠自己来掌舵，即使行驶起来它也许会有些许颠簸，但却能实实在在地到达我们自己的生命彼岸。如果总是因为他人的看法改变自己，你就会活得越来越没有自我。只有跳出别人的视线，还原自己，才能拥有自己的空间，才能找回自己的快乐！

把丢脸看成是一种磨炼

“丢脸”这个词是许多人常常挂在嘴边的。生活中有晴天也有雨天，有欢乐也有挫折，也许是先天的不足，也许是时机不对，我们总会遭遇这样那样丢脸的事。它会给我们带来各种各样的困境，但也正是因为困境，才能深刻地磨炼我们，让我们得以成长。

美国总统罗斯福小时候因为龅牙的缘故，连话都说不清楚，这使他很自卑，也经常因此而遭到同学们的嘲笑。但是罗斯福并没有因为别人的嘲笑而自暴自弃，这些嘲笑的声音反而成了促使他奋进的动力。他在困境中抗争，通过不断的努力，最终克服了自己的缺点，成为世界上最有影响力的演说家之一。

世界上没有完美的人，每个人总是会有各种各样的缺点，问题就在于你用什么样的态度去面对。如果你仅仅因为它让你丢脸，而一味地去逃避，那“丢脸”也只能是“丢脸”而已了，只有像罗斯福一样，把丢脸当

成磨难，坚持不懈地努力，我们才能克服它，让它变成我们的优点。

萧伯纳不仅是英国杰出的戏剧家，同时也是一位出色的演讲家。但也许很多人都不知道，这位演讲家小的时候却是一个非常胆怯的人。直到20岁那年，他来到伦敦，胆子仍旧非常小，见到陌生人就会感到害羞。

一次，朋友邀他去参加学术辩论会。他在会上万分紧张，等到发言的时候，他哆哆嗦嗦地站起来，说话更是结结巴巴，语无伦次，结果受到了别人的讥笑，有人甚至说他是傻瓜。正是因为意识到自己不敢大声说话这个缺点，他这才发愤练习演讲，决心改正自己的这个缺点。

萧伯纳联想到自己刚开始学习溜冰的时候，也是很恐惧，但在一次次狼狈不堪的摔倒中，恐惧就渐渐地消除了，而且还学会了溜冰。可见，不上溜冰场，就学不会溜冰。同样的道理，如果不当众练习，自己就不可能真正学会演讲。

于是，他勇敢地报名加入伦敦的一个辩论学会，每星期都坚持当众演讲。刚开始的时候，别人都把他当成一个“小丑”，取笑他，甚至要轰他下台，但他不怕丢脸，始终坚持演讲完毕再下台。他一次又一次地向自己挑战，同时也在一次次地证明自己。

十几年后，萧伯纳从一个自卑怯懦的青年，变成了一个出色的演讲家。后来，有人曾问他：“您是怎样学会声势夺人地当众演讲的？”他回答说：“我固执地、一个劲儿地让自己丢脸，直到娴熟为止！”

萧伯纳学演讲不怕出丑的精神很值得我们学习。生活中有很多人遇事不敢作为，就是怕一旦做错了就会丢脸，然而，就像溜冰和演讲，事情总是要做了才有可能会成功。

俗话说：“鸟惜羽毛人惜脸。”有的人认为丢脸是一件非常可耻的事情，一旦丢了脸，便很难在大家面前立足，从而在大家面前失去威信。然而，古来有多少帝王将相、成功人士都是在丢脸之后，才知耻后勇，奋发图强的。

越王勾践被俘吴国，养马多年，卧薪尝胆，历尽磨难，终横扫吴国，成就霸业。秦穆公曾数败于晋，誓不服输，养精蓄锐，发愤图强，终杀败晋军，威震诸侯。宋朝岳飞不忘“靖康之耻”，率军转战疆场，精忠报国屡立战功，名扬千古。清朝蒲松龄曾屡试落第，受尽嘲笑，但矢志不渝，终著《聊斋》，流芳百世。

丢脸是不光彩的，同时又常常是不邀而至，所以不要因为一次丢脸就懊悔不已，自暴自弃。怨天尤人是不应该的，而应该多在自己身上找找原因，如这次为什么会失败，会丢人，从而总结出经验教训。

诚然，丢人的确是一种耻辱，但是知耻后勇，三千越甲可吞吴。既然丢脸已经是既成的事实，不能够避免了，那我们就将它当成是人生道路上的一种磨炼。这样，丢脸未必不是一种收获。

快乐不是因为拥有的多而是因为计较的少

在我们的生活中，有的人活得轻松惬意，潇洒自在，有的人则活得身心疲惫，苦不堪言。然而在我们这些旁观者的眼里，这两种“幸福指数”截然不同的人，他们的生活条件却都差不多。有的时候，可能那些苦不堪言的人其实条件还要更好一些。

其实，人之所以不快乐，不是我们拥有的太少，而是我们计较的太多。这个世界上没有什么事情会是十全十美的，总是会有一些小瑕疵。如果你总是感觉自己拥有的东西不够多，或是不够好，那也许是你自己的原因。

一个财主的儿子娶回了一个非常贤淑的妻子，可是新婚还没过几天，这位少爷就有些厌烦了。他觉得自己的妻子挺没意思的，和她在一起过日子非常枯燥，于是决定休妻。但是老财主不允许，这位少爷为此非常烦闷。

一天晚上，他独自在后院闲逛，想到自己今后的生活，不禁心生悲

意："唉！我什么时候才能得到属于我的幸福呀？整日面对同一个女人，以后的日子还怎么过啊？"

这时，他看到马棚里溜进了一个衣衫褴褛的乞丐。乞丐悄悄走到马槽前，偷吃喂马的豆饼充饥，又用马粪堆在自己的身上取暖，还把旁边一个给牲口喂食的瓢扣在头上，抵挡寒风。做完了这一切，乞丐满足地在马棚里躺下，同时还悠悠然唱起了小曲儿，好像自己此时是天底下最幸福的人一样。

这位少爷家财万贯，还有贤惠的妻子，却还嫌日子过得枯燥，整天唉声叹气，而乞丐衣不蔽体，食不果腹，却依旧活得很开心。快乐是一种感觉，一个人感到快乐是基于他对快乐的理解。懂得感知快乐的人，总能感觉到快乐的存在，不懂得感知快乐的人，就只会抱怨生活中的不幸。

英国诗人弥尔顿在他的诗集《失乐园》中说："意识本身可以把地狱造就成天堂，也能把天堂变成地狱。"那些真正获得快乐的人，不是因为做了大官，发了大财，而是因为他们拥有一颗健康乐观的心，因为他们会用这样的心灵去体验快乐。

有一个机构曾经做过一次国民的幸福状况普查。调查的结果显示，中国人幸福指数最高的不是那些拥有高学历、高薪水的人，而是农民。在我们眼中，也许农民过的日了很艰辛，但他们却最容易满足，不会去计较自己的房子有多大，不会去计较自己穿得有多好，只要收成好，一年到头能保证温饱，还能存上一点余钱，他们就很心满意足了。因为计较的少，所以快乐也多。

有一个财主虽然家财万贯，但是却时常感到自己的生活过得不幸福，于是他决定请高僧指点开悟，就来到了峨眉山。由于他的年纪已经非常大了，自然不可能自己登上峨眉山，所以就在当地找了几个轿夫抬他上山。

烈日炎炎，山路险峻，不一会儿轿夫们的衣服就全都被汗水湿透了。财主坐在轿上见此便想到："这几位轿夫累得气喘吁吁，他们一定痛恨这份艰辛的活计，也许他们还会想，为什么自己是抬轿的人而不是坐轿的人？”

到了半山腰的时候，轿子停了下来，众人在一块开阔的平地上休息了一会儿。财主平时为人也很和善，所以下了轿子，准备去宽慰一下辛苦的轿夫们。但是，当他看到轿夫们坐在一起交谈，不时发出高兴的笑声时，财主觉得自己可能错了。

他想：在我眼中，在大热天还要抬轿就是不幸福，穿得不好也是不幸福，但轿夫们并不觉得自己不幸福。他们的工作虽然辛苦，但是对此他们却没有丝毫的埋怨。想到这里，他不禁想到自己，心中感到非常惭愧。

人生的幸福不在于得到的多，而在于计较的少。不爱计较的人知道满足，所以，虽然他只得到了很少，却感觉像是得到了很多；而爱计较的人，即使拥有了再多的东西，也还是觉得不满意、不开心。

我们每天都会面临各种工作或是生活上的压力，这一切的一切都需要你去努力地经营，去妥善地处理。但是无论怎样处理，都不可能面面俱到，十全十美。对得失少些计较，才能收获快乐。功成名就是一种快乐，两袖清风又何尝不能成为一种快乐。

快乐其实只是一种内心的感觉。不爱计较得失的人，常常都能感觉的到快乐，而对于那些永远都不知足的人来说，快乐就像挂在拉磨驴子脖子上的粮草，虽然就在眼前，却永远也得不到。

尊卑本不存在，芥蒂只在心中

我们现在总是强调 个词，叫作“平等”。然而，在现实生活中，这却很难做到。我们总是带着自卑的心情，去仰视着那些比我们有钱，或是社会地位高于我们的人，然后转过头再俯视那些不如我们的人。

美国作家托马斯·沃特曼所著的《心灵咖啡》中曾经这样写道：大人

物之所以高大，是因为你自己跪着；你仰慕他们头上的光环，却忽略了自己的价值。

其实每一个生命都是平等的，不应该分尊卑贵贱。正如18世纪法国思想家伏尔泰说过："一切享有各种天然能力的人，显然都是平等的；当他们发挥各种动物机能的时候，以及运用他们的理智的时候，他们都应当是平等的。"

离美国第十八任总统格兰特陵墓不到一百米处的哈德逊河边，还有一座孩子的坟墓。坟墓很小，但整齐别致，四周有护栏、树木和路灯围绕。在墓旁还树立着一块木牌，上面记载着它的来历和故事：

1797年，一个年仅五岁的孩子，不慎从这河滨的悬崖上坠落身亡。孩子的父亲悲痛欲绝，便在悬崖落水处给孩子修建了一座小小的坟墓。几年之后，为了减轻丧子的痛苦，男孩的父亲决定卖掉自己的土地，迁往他乡。但是他在转让土地的契约里，写明土地的新主人必须把孩子的墓地保留下来，不能私自拆迁和铲除。

一百年后，美国格兰特总统逝世，美国政府选择将这块土地作为格兰特总统的墓地，于是政府成了这块土地的主人。但是人们把总统的坟墓建造在这里后，这孩子的坟墓不仅未曾移动，而且还重新修缮了一番。

1997年，格兰特总统逝世100周年，政府决定拨款重修。此时距离那个孩子的不幸死亡已经整整200年了。按照正常人的理解，为了不影响国民对总统的瞻仰，应该将孩子的坟墓移到他处，但美国政府却没有这样做，而是在修整总统坟墓的同时，将孩子的墓地也重新修整了一遍。

原美国总统里根曾经在格兰特墓前说过一句话："孩子也应该享受和总统一样的待遇。"这就是平等，无论是总统伟人，还是一个无知稚童，在人格上都是平等的。

面对乞丐我们高傲；这只是对我们自卑心理的一种安慰；在面对有身份、有地位的人的时候我们自卑，这是对我们自尊心的亵渎。人人生而平等，生活中的每个人都是自己的主角，我们有什么必要降低自己的人格，去向权贵和名流表达平白无故的敬意呢？恪守本分，不卑不亢，如此我们才能以平等的姿态去面对别人。

有一次，法国电影明星洛依德去修车，一名长得非常漂亮的女工接待了他。对方熟练灵巧的双手和甜美的容貌一下子吸引了他。当时整个巴黎的人几乎全认识他，但这位姑娘却丝毫没有表现出惊异和兴奋。

他想进一步和女工接触，便问她：“你喜欢看电影吗？”

“当然喜欢，我是个影迷。”女工回答。

女工的动作很麻利，一会儿车就修好了，她说：“车修好了，您可以走了，先生。”

但洛依德却有点依依不舍，于是摆出自己迷人的笑容，问：“小姐，你可以陪我去兜兜风吗？”他觉得女工一定会答应自己这个大明星的邀请的，但是女工却毫不犹豫地拒绝了。

女工说：“不，我有工作！”

洛依德依然不死心，又追问道：“既然你喜欢看电影，那你知道我是谁吗？”

女工平静地看了他一眼，说道：“当然知道，您一来我就认出了您是影帝阿列克斯·洛依德。”

洛依德惊奇道：“既然如此，你为何对我这样冷淡呢？”

女工反驳说：“不！先生，您错了，我没有冷淡。您有您的成就，我有我的工作。您来修车，那么您就是我的顾客，就算您不是明星来修车，我也会一样接待您。人与人之间不应该是这样的吗？”

女孩虽然只是一个修理工，但却没有妄自菲薄，也不会因为对方是个大明星，就觉得自己低人一等。人或有富贵贫穷，但是人格是没有贵贱之分的，所谓的尊卑之念只是人们心中的一种芥蒂罢了。

第三章

小事不计较，大事不糊涂

别为小事较真

在现实生活中，常常有许多人为了一些鸡毛蒜皮的小事而较真，因为区区小事最后竟闹得大动干戈，于是烦恼也就接踵而至。有人说，烦恼就像人生长河中的浪花，会伴随人的一生。要化解这种烦恼，我们就要学会忍辱容让，学会宽宏大度，要有“宰相肚里能撑船”的雅量。不要为一些小事而较真，越较真只会让矛盾越来越深，最后发展到不可收拾的地步，既弄僵了人际关系，还有损身心健康。

曾经有这样一则新闻，一位先生和爱人去火车站接他的姐姐和外甥、外甥女，在打车回来的时候，小孩子不小心将出租车上的座套弄脏了。由于是刚换的座套，加上车管处检查时对车容车貌管得较严，座套不干净要罚款500元，的哥陶师傅看了有点心疼，就不免抱怨几句。

这原本只是件小事，只要一句“对不起”就可以化解，但没有想到这位先生却是个较真的人，又将孩子的脚往前推了推，说：“我们家孩子的鞋哪里就脏了？”这一下，司机师傅也火了，嚷道：“不脏？你孩子回家穿着鞋子上床？”

随后双方就争执了起来，火车站民警赶紧过来劝解，但是两人还是不肯罢休，最后这位先生还向出租车公司的车管部门投诉。车管处和出租车公司对此非常重视，于是，就将一行人都请到了出租车公司进行调解。最后事情虽然得到了解决，但是却浪费了大家的时间和精力。

其实很多时候都是小事情，由于太较真，就变成了大事情！1654年，瑞典与波兰开战，原因是瑞典国王发现在一份官方文书中他的名字后面只

有两个附加头衔，而波兰国王的名字后面却有三个附加头衔。

与人相处不斤斤计较，怨恨就无从生起。言语能够包容忍让，多说好话，不说坏话，忍住气话，不必要的冲突、怨恨的事情自然会消失不生。斤斤计较只会让自己过得不开心，也会让别人厌烦你。

一个人的生命是不能永远延续下去的，人生也只不过是短短的几十年，所以我们要把自己的眼光放得远一些，要把心事放得轻一些。无论对于什么事情，都要看得开想得开，而不是事事都要较真。

“二战”之后，一位名为罗伯特·摩尔的美国士兵在他的回忆录里这样写道：

1945年3月的一天，我和战友们在太平洋下的潜水艇里执行任务。忽然，我们从雷达上发现一支日军舰队正朝我们开来。几分钟后，6枚深水炸弹在我们潜水艇的四周炸开，我们的潜水艇被压到了海底280英尺的地方。尽管如此，疯狂的日军仍不肯罢休，他们不停地投下深水炸弹，就这样一直持续了15个小时。在这个过程中，有十几枚炸弹就爆炸在离我们十几英尺的地方。如果再近一点的话，我们的潜水艇就会被击沉，而我们也将永远葬身太平洋。

当时，我和所有的战友一样，静躺在自己的床上。我甚至吓得不知如何呼吸了，脑子里仿佛有一个声音在对我说：这下死定了，这下死定了！因为我们关闭了制冷系统，潜水艇内的温度达到了40℃以上，可是我却害怕得全身发冷，一阵阵冒虚汗。15个小时后，攻击停止了，那艘日本布雷舰在用光了所有的炸弹后离开了。

我感觉到这15个小时仿佛有15年那么长。过去的生活一一在我眼前闪现，那些过去曾让我烦恼透顶的无聊小事更是清晰地在我的脑海里回荡。父亲把那个很不错的闹钟给了哥哥却没给我，为此我几天都没有和他说话；结婚后，因为没钱买汽车，也没钱给妻子买好的衣服，我们经常会为了一点小事吵架。

可是，这些令人发愁的事，在深水炸弹威胁我的生命时，都显得那么荒谬、渺小。当时我就对自己发誓，如果我还有机会重见天日的话，我将永远不会再计较这些小事了！

我们在面对生活中的许多烦恼和怒火的时候，总是怎么都看不破，想不通，然而在我们的生命快到尽头，或是受到威胁的时候，却突然发现，原来这些让我们耗费时间和生命计较的事情，竟然是这么无聊！

其实，在日常工作和生活中，对遇到的一些并不太重要的事，我们不必把它常常挂在心上，更不必钻牛角尖。只有对一些小事“模糊”一些，我们才能有更多的精力和更多的时间来处理人生中的大事。

世上本无事，庸人自扰之

有人说，这个世间所谓的事儿，其本质都是人造出来的，吃饱了，穿暖了，睡足了，闲着没事干了，所以就相互争个高下、善恶、是非、美丑。唐朝宰相陆象先曾说：“天下本来没有那么多的事，只是庸人自找烦恼，所以就把事情越弄越复杂。”

很多时候，世事并不像我们想象的那样糟糕，有些本来不值得放在心上的事，有的人却把它当成无法排遣的烦恼而郁闷在心，以致整天愁眉不展。

有一对夫妻吵架，丈夫被妻子骂得狠了，为了躲个清静，就跑到朋友家玩了一宿的牌。妻子见丈夫彻夜未归，不禁惶恐地替丈夫担心起来，如同热锅上的蚂蚁一般坐立不安，脑子里也开始胡思乱想。

妻子心想：他会不会是被车给撞了，是受了重伤住院了？难道是被车撞死了，送去太平间了，要不怎么还不回来呢？会不会是被哪个狐狸精给勾走了，不要我了？又或许是跟别人打架了，到底是伤着了，还是被打死了？怎么还不回来呢……

妻子辗转反侧，觉都睡不着，好不容易熬到天亮，眼睛却成了两个熊猫眼。这时门被推开了，妻子一下子从沙发上坐了起来，却见丈夫从门外走了进来，一脸茫然地看着她。

妻子见丈夫无事，心中松了口气，但想着自己担心了一整晚，心中不禁又来了气，于是强压着怒火问丈夫：“你……你昨天晚上到现在，到底跑到哪里去了？”

丈夫耸了耸肩，轻松地回答：“和朋友一起打牌去了。”

妻子一听顿时怒火上冲，一下子就跳了起来，心说我在家里担惊受怕，你倒好，出去潇洒快活了。她双目圆睁，暴跳如雷地对着丈夫大骂开了，骂的那叫一个声嘶力竭、口沫横飞啊！

没想到，这时候丈夫也火了，怒吼道：“就你这样的，谁还愿意待在家里？早知道，我就不回来了。”说完，转身摔门而去。

生活中，这种没事找事、自寻烦恼的事情太多了。《红楼梦》中有这样一个故事，说史湘云与贾宝玉等人经常来大观园找林黛玉玩，并跟她讲一些有趣的故事，然而黛玉却时常因此想起自己没有亲人而放声大哭，于是宝玉就笑话她说，日子过得好好的，你却每天都要哭一会儿，才算完成这一天的事儿，这不是在自寻烦恼吗？

曾经有一位科学家做过一个实验，他让所有的实验者将自己未来七天的烦恼都写下来，然后投入一个所谓的“烦恼箱”中，等过了三周，再由他打开箱子，逐一核对实验者的每一项烦恼。结果，他发现其中有九成的烦恼并没有真正发生，然后，他又让实验者将剩下一成的字条再次丢进“烦恼箱”，等过了三周，再来寻找解决的办法。结果过了三周之后，他们都发现，原来的那些烦恼都不再是烦恼了。

其实，人生的很多烦恼都是自找的。在生活中，人们总免不了有一些苦恼烦闷的事。有些烦恼来自外界，必须正视；而大多数困扰则源于内心，这就是所谓的“自寻烦恼”。

从前有个和尚学习坐禅，可是每当他入定的时候，脑海中就有一只大蜘蛛钻出来捣乱，使他无法保持内心的平静。他实在没办法对付蜘蛛，只得去请教师父。师父微笑着对他说：“这个好办，等你下次入定时，手里拿上一支笔，看到大蜘蛛来捣乱，就在它的肚皮上画个圈，这样你就可以找出它了。”

和尚听了师父的话，坐禅前便准备了一支笔。果然，他刚入定，大蜘蛛就又出现了。和尚于是拿起笔来，在它的肚皮上画了个圈。当和尚做完功时，睁开眼睛就开始找那个圈，可怎么也找不到。无意中他低头一看，却发现那个圈竟然画在了自己的肚子上。这时那和尚才领悟到，入定时出来捣乱的大蜘蛛，不是来自于外界的什么妖怪，而是自己臆想出来的。

先哲说：“何来这么多烦恼，皆是自我摧残和寻觅；何来如此之闲杂，皆是自我打扰罢了。”

在现实生活中，我们总是很容易被身边的事物所干扰，就像是在不断地给自己套上这样或那样的枷锁。如果将烦恼比作一根打结的绳子，那最先被困住的只会是自己。我们要是被这些烦恼捆绑住，浪费太多的时间和精力，那还何谈追逐梦想，获得成功呢？

“世上本无事，庸人自扰之。”其实，生活中出现的烦恼大多都是心理上的问题，要想摆脱庸人自扰，最最重要的，是要有坦然豁达的心境。倘若心灵一片光明灿烂，那烦恼与苦痛便会远遁他乡。

何必怒上心头，看得开才能活得好

在生活中，我们每天都会有一些不如意的事情，许多人都会因为这些不如意的事儿，而被激起怒火。然而仔细想想，发怒根本就是于事无补的。英国讽刺文学大师斯威夫特说：“屈从于愤怒，常常就是因为他人的

罪过向自己复仇。”发怒不仅伤害别人，使人难堪，影响人际关系，更重要的是它还会伤害我们自己。

在非洲草原上生活着一种不起眼的小动物，叫作吸血蝙蝠。它们靠吸食动物的血生存。这种蝙蝠虽然个头不大，但却是野马的天敌。它们在攻击野马时，常附在马腿上，用锋利的牙齿极敏捷地刺破野马的腿，然后用尖尖的嘴吸血。无论野马怎么蹦跳、狂奔，都无法驱逐这种蝙蝠。只有当蝙蝠吸饱了血之后才会自行离去，而此时野马也已经奄奄一息了，过不了多久就会死去。

按照常理来说，吸血蝙蝠所吸的血量是微不足道的，远不会让野马死去，但是为什么有那么多的野马会在吸血蝙蝠的攻击下毙命呢？经过生物学家们的研究发现：其实真正促使野马死亡的并非是鲜血的流失，而是为摆脱蝙蝠，过度狂奔而引起的心力衰竭。

人有的时候也像这些野马一样，击垮我们的也许并不是来自别人的伤害，而是来自自身的怒火。我们过度地执着于“蝙蝠”的存在，以致被它们牵着鼻子走，然后被它所累。

苏轼曾写过一篇《河豚鱼说》，里面讲了这样一个故事，说河里有一种名叫“豚”的鱼，在桥墩之间游动，结果撞到了桥的柱子。但它不知道离桥远点，反而恼怒那柱子撞了自己。这种鱼有一个特点，就是每当它生气时，全身就会鼓起来而浮在水面上。这条鱼因为一直生气，所以长时间地浮在水面上，结果被飞过的老鹰抓住了。

有人说：“发怒会使人远离真理。”想想也对，世界上很少有问题是因为愤怒和发火而获得解决的。相反，愤怒常常是将事情搞得更糟。

现实生活中，每个人都会碰到一些令自己不愉快的事，一时的为之发怒苦恼，本是无可厚非的，但倘若总是纠结于这些微不足道的小事情上无法抽身的话，不仅会影响正常的工作和生活，可能还会让你失去健康的心态。

无论是在工作中，还是在生活中，如果双方都逞强好胜，连一点小事情都不愿意退让，那矛盾就会越积越深，最后发展到势不两立的地步，既破坏了人际关系，又影响了相互团结，而且这股郁气憋在胸口，自然会影响你的健康心态。

一个人要想克制自己的怒火，首先要学会理解别人，能够以诚待人，不要为一些小事而耿耿于怀，同时要学会宽容和忍让。俗话说，“宰相肚里能撑船。”要去除嫉恨之心，学会宽宏大度。

有一个年轻人，他的家庭条件很优越，做事的能力也很强，人长得也很英俊，但他却整天愁眉不展，闷闷不乐，觉得自己活得不开心，还总是与别人矛盾不断。于是，有一天他去向云海禅师求教快乐之道。

云海禅师一开始并没有直接回答他的问题，而是让他将桌子上的一个杯子里倒满水，然后往里面放了一勺盐，让他尝尝水的味道如何。

年轻人按照云海禅师说的尝了一下，撇着嘴回答：“很咸！”

云海禅师笑了笑，问他：“如果把这勺盐放到大海里，结果会有什么不同？”

年轻人回答：“别说一勺盐了，就是放入十勺盐、一百勺盐，海水的味道也不会变。”

禅师开导说：“你说得很对，如果你能把心放宽，像大海那样宽阔容纳一切，你就不会受到俗世的烦扰，也就没有忧愁可言了。”

很多时候我们发怒，都是因为外部对我们的影响。别人的一句非议，一件小事，我们却始终耿耿于怀，让外界控制了自己的心情。别人说的话，做的事，或许说过就忘了，但我们却还在自我折磨。其实，我们大可不必跳进别人无心设置的陷阱里。

人们经常说：“比大地更广阔的是海洋，比海洋更广阔的是天空，比天空更广阔的是人的心灵。”人心就像是一个容器，但是它可大又可小。大的时候，可以装下天空和海洋，而小的时候，却可能连一杯水都盛不下。

如果你心胸宽广似大海，那不要说“一勺盐”，就算是“一座盐

山”，也无法让你心绪起伏。只有那些心胸狭隘的人，才会因为一点小事就小题大做，大动干戈。

亚里士多德说：“愤怒是不幸的盟友，是伤害和耻辱的帮凶。”所以我们要用可以容纳大海和天空的心胸去看待事物，只有这样我们才可以摆脱愤怒的纠缠，从而看到更加美好的天空。

别为偶尔的批评抓狂

在现实生活中，许多人常常因别人的批评而左右自己，因别人的言语而苦恼、愤怒，甚至抓狂。其实，这大可不必。每个人都有自己的生活方式和处世方法，我们不必为那一部分没有得到的理解而感到遗憾叹息。

一朵真正美丽的鲜花，不会因为别人的赞美而努力绽放，也不会因为别人的批评而枯萎凋谢，因为美丽才是它生命的尊严。不要因为别人偶尔的批评而偏离了自己对人生价值的追索。一个人不能总是向外寻求认同，只有尊重自己的思想，才能真正走出属于自己的生命轨迹。

有一个小和尚常常因为别人的评价而苦恼沮丧，于是他去向禅师请教：“东街的大婶称我为大师，西街的大伯却骂我是秃驴，王家的大哥赞我清心寡欲，四大皆空，赵家的小姐却指责我色胆包天，凡心未了。我究竟算什么呢？”

禅师听了笑了笑，指了指身边的一块石头，又拿起一盆花，这才说道：“石头就是石头，花就是花，自己就是自己，何必因为别人的说三道四而烦恼呢？别人说的，就让他去说好了，那只是别人的看法而已。你只要做好自己就可以了。”

小和尚听了恍然大悟。

在我们的日常工作和生活中，无论你所做的事情是对是错，总是免不了会被别人批评。然而，如何看待别人的批评，完全由你自己决定。一个人不能总是在意别人的批评，因为许多批评改变不了事实，它只会搅乱你的心。心如果乱了，那怎么还能以好的状态去处理日常事务呢？

许多人对于他人的批评常常表现得异常激动，甚至反唇相讥，其实那都是没有必要的。如果换一种角度来看，当你遭到批评时，反倒应该觉得庆幸，这通常意味着你已经受到了别人的注意。因为正是你极具重要性，别人才会去议论、关注你。此时若是你因此抓狂而与对方争辩，就正好遂了别人的意愿。这正如鲁迅所说：“最高的轻蔑，是连眼珠子都不转过去。”

当然，人总是会犯错的，不为别人的批评而抓狂，并非让我们完全忽视别人的意见，那样的话就难免落入了“固执”的藩篱。面对正确的批评我们还是应该虚心接受的。很多人在受到批评时，首先想到的就是自己的尊严受到了挑衅，而从来不去分辨对方的批评到底是善意的提醒，还是恶意的中伤。

其实，面对批评我们应当有益则收，有害则弃，不要因为自己的看法遭到别人批评而生气，而是要虚心聆听别人的批评，变批评为教益，这是每个人成功做人的法则。美国著名诗人、散文家惠特曼说：“你以为只能向喜欢你、仰慕你、赞同你的人学习吗？从反对你的人、批评你的人那里，不是可以得到更多的教训吗？”

一个吟游诗人，应邀到丛林里给动物们讲故事，他的故事是这样开始的：“从前，有一只山羊……”这样所有的山羊都紧张地抬起了头。“它温顺善良，老成持重……”山羊们都露出了得意的神情。吟游诗人又说道：“但是它有一个缺点……”所有的山羊都生气地嚷嚷起来：“你在胡说什么？为什么偏偏山羊会有缺点……”

吟游诗人愣了一下，随即又说道：“那就换一个好了。从前有一只兔子……”所有的兔子都紧张地竖起了耳朵。“它聪明漂亮，行动敏捷……”

兔子们都点头微笑，洋洋得意起来。“但是它有一个缺点……”这下兔子们不高兴了，嚷道：“这是污蔑，我们兔子从来都没有缺点……”

吟游诗人苦笑着摇了摇头：“那就再换一个吧！从前有一只狼……”所有的狼立即围上来，眼睛里射出寒光，直直地盯着吟游诗人，只要他说出缺点，就要上前撕碎他。见此，吟游诗人长叹一声说：“再见吧，先生们，你们都不具备听故事的耳朵！”

有人说，这世上最难做到的就是倾听，尤其是当对方的批评还不是完全正确的时候，这个时候其实我们更应该克制自己不要反唇相讥，哪怕对方言辞激烈或只有百分之一的正确，我们也应该虚心接受。

而我们在人际交往过程中，有的时候，就算对方的批评对你毫无用处，至少也可借此让批评者发泄情绪。如果你的耐心是够，想办法听下去，也许可以找到一个改善彼此关系的良好基础。

停止为鸡毛蒜皮的事争吵

生活中，我们常常可以看到这样一些现象：单位的同事之间，因为一点鸡毛蒜皮的小事，而出言不逊，大动肝火；邻里之间为了一些小纠纷而各不相让，争吵辱骂，没完没了；出门在外，因为陌生人的一次无意的碰撞，双方最后闹到脸红脖子粗。

曾经有这样一则报道，说一对小夫妻晚饭后出门散步，结果回家的时候，却发现双方都没带钥匙。这原本也不是什么大不了的事情，楼下就有开锁的师傅，只要两个人下楼喊一声，就可以解决问题了。

但是这对小夫妻却没有这样做，而且开始了相互埋怨，这个说你不操心，出门不带钥匙，那个也说你不对，为什么非得要我记得带钥匙？说着说着，夫妻两人肝火直冒，开始大吵起来。最后吵到邻居都看不下去了，于是就打了110报警。

许多夫妻之间的吵架其实都是很没有道理的。他们有时候会为了谁做饭，谁洗碗，该谁倒垃圾，谁的自由时间比较多，谁工作得比较努力而大吵一架，也会为了谁给孩子辅导功课，谁更关心孩子，谁为家里作的贡献多一点而闹得不可开交。更有甚者，连餐桌上的一点小礼仪，或是生活中的一点小毛病也会成为吵架的理由。

最可笑的是一则新闻上说的，一对夫妻因为丈夫洗澡时用错了毛巾而大打出手，最后两人竟然因此而离婚了。

一些人平时总是喜欢和别人争执，常会为了一些鸡毛蒜皮的事和别人没完没了，就算遇到对方不小心的过失，也会马上做出激烈的反应。因一件小事而引起争吵，争吵时双方均会讲过火的话，以暴怒对暴怒，最终只会让事情变得更僵，谁都不肯善罢甘休。

张瑶是一家公司行政部的员工，负责每个月公司员工的考勤状况。这个月终，张瑶像往常一样将旧的考勤卡收走，并在每个同事的座位上放上了一张空白的考勤卡，并叮嘱他们明天用这张新卡。

结果，一名营销部的员工拿到卡后，发现自己的卡片上是空白的，没有填上自己的名字，就跑到前台质问张瑶，为什么考勤卡上没有填上自己的名字。

按照规定，考勤卡的填名工作应该是由行政部来完成的，但是因为都是举手之劳的事情，动动笔也就几秒钟的事情，所以大家都没有在意。以往都是由行政部发下空白卡，然后大家自己填的。

但这名员工却因为最近的工作给闹得非常心烦，所以心里就有些火气，他黑着脸冲着张瑶喊道：“考勤卡填名的事情是由你们行政部来负责的，你们不把我的名字填上去，我就不打卡。你们中午之前不把我名字填上去，我就和老板说去。”

填个名字只是小事情，张瑶自然不会在意一点时间，但她心说："你这不是没事找事吗？我如果按你说的做了，不就等于我怕了你吗？你不让我省心，我也不让你好过。"于是二人就吵了起来。

最后还是老板出面，才将这件事情化解。

生活中，许多人吵架根本就不是为了解决问题。他们只是为了吵架而吵架，为了一点小纠纷，就把什么陈年旧事都牵连上，最后连自己都忘了是为什么而吵架的，只知道对方说什么就一定要反驳，完全没有一点理性，只是在做意气之争。

有人说，争执的原因千百种，但是每次争执的后果却都是一样的，不外乎伤神，伤身，伤他人。这些不仅只限于伤害，还容易损及友情，结下冤仇。在现在的社会里，有许许多多的人不知如何与人沟通相处，朋友、同学或者家人之间常常会因为一些小事而发生一些不必要的争吵，导致双方都不高兴，彼此之间还多了一些心结。

争吵中的人都有一个特点，就是他们通常都认为自己是正确的一方，总是想要去改变别人的想法。但事实上，他们所谓的"正确"也只是自己的一厢情愿罢了。

其实，与别人发生争执的时候，应该多换位思考，不要因为意见不合就指责对方，就算是发生了争执，也一定要就事论事，不要说太过激的话，不要把事越闹越大。

我们常说："大事化小，小事化了。"遇事不要一味地横冲直撞，有时候只要转个弯，换个想法，就能把纷争化为无形。因为争一时之气，而损失掉了自己的人际关系，这未免也太划不来了。

不拘小节者，不被小事累

现在流行一个词叫“细节决定成败”。意思是让我们不要忽视生活、学习、工作中的细节。一个不起眼的细节就可能会让你功败垂成，我们必须从小处着眼，从小事做起，才能做成不平凡之事。

诚然，这在某种意义上有一定的道理，但是我们切不可死抠字眼。做事认真的确没有错，但是凡事太讲究细节，事无巨细都不放过，则必然会被连绵不绝的小事所束缚。

三国时期，诸葛亮任蜀国丞相，因为不放心将事情交给下面的人去做，所以凡事都亲力亲为，大小事务都亲自处理。“军中罚二十以上必亲览”，这样虽然很多大小事情他都处理得很完善，蜀国也的确是强大了许多，伐魏大计也一次比一次制定得周详，但正是因为他管的事情太多，没有做到善于取舍，没有处理好军中小事的“小节”与建立国家的“大事”之间的关系，最终劳累过度，从而使得自己“出师未捷身先死”。

《史记·项羽本纪》的鸿门宴一篇中说道：“大行不顾细谨，大礼不辞小让。”意思是说干大事不用顾及小的礼节，讲大礼节不用顾及小的谦让。一个人的精力终究是有限的，若总是纠结于一些琐碎小事上，还有什么精力去做重要的事情呢？

为什么许多人有远大的目标却久久不能实现呢？这正是因为他们缺少了“不拘小节”的品质和气魄，被琐碎小事分散了精力。而那些成大事者就不同了，认准了目标就勇往直前，一如既往，抛开了一些不必要的束缚和羁绊，集中精力做重要的事。久而久之，差距就拉开了，“拘泥小节”

的人仍然是一般人，而“不拘小节”的人则成就了大事业。

大科学家爱因斯坦整日蓬头垢面，可谓不拘小节，但是他提出的相对论却是震惊世界。他说过：“一个人只有全部精力集中于他的事业的时候，才能成为一个大师！”在生活中，需要做的事情有很多，小到吃喝拉撒，大到齐家、治国、平天下。但人的精力是有限的，欲成大事，就要把握大局，抓大放小。只有心无旁骛，专心致志，才能获得成功，若拘于小节，将精力和时间过度地投放在非原则的琐事之上，必然对成就大事产生阻碍作用。

歌德说过，重要之事不可受芝麻绿豆的小事所累。许多人可能在经历了无数次狂风暴雨的洗礼后，却依然可以昂首挺立，但是最后竟然会被生活中的一些琐碎小事给牵绊住，从而导致自己停滞不前，疲惫不堪。这正如许多人说的那样，使你疲惫的可能不是旅途的坎坷与荆棘，而可能只是你鞋里的几粒沙子。

安德烈·摩瑞斯说：“我们活在这个世上只有短短的几十年，而我们却将许多时间都浪费在那些不值一提的小事上。不要这样，让我们把生活用在值得做的事情和感觉上，去运用伟大的思维，去经历真正的感情，去做必须做的事情。因为生命太短促了，不该再顾及那些小事。”

有一次，莫桑和几个朋友打算一起去西部怀俄明州的提顿国家公园。他们计划去参观一下石油大王洛克菲勒建在公园里的那栋房子，可是莫桑坐的那部车子走错了路，所以等抵达那座房子的时候，已经比其他人晚了一个小时。

他的朋友们身上没有开公园大门的钥匙，所以只能等莫桑来了以后才能进园。当时，他们正身处一个又热、蚊子又多的森林里，其他人都急躁地用衣服驱赶蚊子,只有一个人没有被这些烦人的小虫子们干扰到，那就是西费得教授。

在等待莫桑的期间，西费得折下一段白杨树枝，一心一意地制作着笛子。当莫桑赶到时，不禁被他的举动惊呆了。在如此恶劣的环境下，他不是忙着赶蚊子，而是在做笛子。后来，为了铭记这个不被小事所累的人，莫桑请求西费得将那根笛子当作礼物送给他留作纪念。

狄士雷里说过：“生命太短促了，不能再只顾小事。”世上有太多的经验告诉我们，一个人若是常常为了一些琐事、一些本可以不屑一顾和忘记的小事情而操心，终究会陷入失败的泥沼。

精于算计有时反而会害了自己

人与人之间打交道，无论大事小事，总是会有得有失。聪明人对待得失会选择“退一步海阔天空”，化干戈为玉帛，这样不但为自己省去了不少烦恼，还为赢得好的前途打下了基础；而愚蠢的人往往精于算计，对于一点蝇头小利斤斤计较，动不动就与人争得面红耳赤，最后，只会把事情越搞越糟。

西边的王家村有一个铁匠，东边的李家村有一个裁缝，两人是相识多年的朋友。有一天铁匠去了东边的李家村办事，在回来的路上，天降大雨，于是他就去裁缝家借伞。李裁缝虽然不舍，但是当着朋友的面，却也不好意思拒绝，于是，就把伞借给了王铁匠，但是等王铁匠走后，他心里又不放心，就又跟了过去。

王铁匠心里知道李裁缝心眼小，于是到了家后把雨伞撑开，好尽快晾干还给裁缝，不想这正好被上门讨伞的李裁缝看到了。李裁缝很是生气，心想王铁匠真是过分，都到家了还要用我的雨伞，但是又不好当面斥责，于是他灵机一动，想到了一个主意。

他想起了王铁匠家中有一双钉鞋，就对他说：“现在下雨路滑，把你家的钉鞋借我穿穿吧！”王铁匠痛快地借给了他。

李裁缝穿着钉鞋非常得意，为了尽量地使用这双鞋，他没有急着回家，而是冒着大雨在村子外面绕了三圈，而且还专拣泥泞的路走，到家后也不把钉鞋脱下来，甚至连睡觉的时候都要穿着它钻进被窝。结果到了第二天清晨的时候，他发现钉鞋已经被磨得锃亮，而自己的被子却被钉子划成了碎片。

在人际关系中，是无法做到绝对公平的，总是要有人承受不公平，要吃亏。假如现实生活中的我们也像故事里的裁缝一样，凡事都斤斤计较，吃不得一点小亏，那受损的最终还是自己。人生在世，千万别占小便宜，占小便宜者，最终会吃大亏。

曾经有一位高考状元，就因为贪图少数民族能够加20分，而修改了自己的民族，但最后却没有被心仪的大学录取。

在人际交往当中，有一些看似非常精明的人。他们总在算计着别人，自以为智慧高人一等，可以从别人那里占点便宜，揩点油。他们处处显得比别人“神机妙算”，只知道投机取巧，算计眼前的利益。这种人功利心太重，把功利当作人际关系的首要，其实他们的日子过得很缺乏乐趣。

凡事都从自身利益出发的人，遇上对自己有利的人和事，总是会不惜削尖脑袋往里钻，而对于不利的事情和人物，却又会像躲瘟疫一般躲得远远的。其实，这样的行为是一种目光短浅的表现，对自身往往是不利的。时间长了，它会让你的工作陷入僵局，事业陷入困境，你自己也将陷入孤家寡人的境地。太过斤斤计较，就容易“贪小便宜吃大亏”，最终导致“拣了芝麻，丢了西瓜。”

王兵是一所名牌大学的学生，他学习非常刻苦，在校期间成绩也非常优秀，但是因为斤斤计较，喜欢贪小便宜，所以人际关系并不是很好。

大学毕业之后，他去了一家知名的外贸公司上班。在这家公司干了一年之后，由于平时表现勤恳，上司对他非常满意，年底考核之后，上司就向老板推荐，升他为小组主管。老板批复也同意了，但是在升职之前，要与他一起吃顿饭，考察考察。

吃饭的地点定在一家大酒店里。王兵非常高兴，打扮整齐，急匆匆赶到酒店，发现老板和自己的上司已经到了，于是忙和上司、老板一起就座。席间，老板问了市场拓展方面的问题，王兵都对答如流，老板一听就高兴了，又要了一瓶酒，三个人喝了起来。

这次宴席之后，王兵便胸有成竹地等待着公司发给他升职的消息，但是一等不来，二等也不来，到了最后，组长定下来了，但却不是他。他急了，忙找自己的上司了解情况。但上司却告诉他，升职的事已经没戏了。王兵听后傻眼了，忙问原因。

上司看了看他叹了一口气，说道：“还记得最后要的那瓶酒吗？”

王兵莫名其妙，说道：“记得，可我没喝多少啊！不至于失态了吧？”

上司说：“问题不在喝多少上，那瓶酒是精装酒，里面附送了一个礼品打火机，是不是你拿了？”

王兵点了点头：“那个打火机也不是什么精品，根本就不值钱，他一个大老板怎么会缺这种东西？所以我就拿了。”

“这就是问题啊！”上司说，“老板说你这个人能力还行，但贪小便宜的人，他是不敢用的，因为将来万一别人给你点儿小恩小惠，没有人保证你不会背叛公司。”

的确，区区一个打火机是微不足道的，但是却会使人产生反感。逢便宜必沾，斤斤计较，爱贪小便宜的人是不受欢迎的。跟热情豪爽、开朗大方的人交往是一种享受，跟斤斤计较、见钱眼开的人交往是一种痛苦。爱斤斤计较、占小便宜的人也许并不都是坏人，但是过分追求个人利益的行为，在如今这个分工细致、强调团队合作的的社会中，显然是不合时宜的。

我们在工作或是生活中，一定要以大局为重，不要为了个人的利益去斤斤计较。凡是上级交给你的工作，都要尽最大力量去完成，争取每一件事都做得漂漂亮亮。遇到一些非原则性的小事，尽管自己吃了点小亏，也

不要去招惹上司，以免同他产生对立情绪。这样就会让他觉得，他欠了你的，然后在未来，他必然也会补偿于你。

“贪小便宜吃大亏”这一句名言古今传诵。好贪小便宜的人，看到的永远都是眼前的利益，他们没有长远的眼光，胸中没有恢宏的格局，只看到眼前的一棵树，而看不到不远处那一片原本可以属于自己的大森林。在人脉关系上，因为利益关系，这种人会自觉不自觉地把自己孤立起来，使自己的路越走越窄。

别做无谓的比较

有人说：“令人沮丧的往往并非事实，而是比较。”人活着为什么经常感受不到幸福呢，就是因为总喜欢与别人比较。结果越是比较，心理越不平衡，越不平衡，烦恼越多，我们也会因此变得不从容。

如果把人生比作一棵大树，那比较就是寄生在我们生命之树上的藤蔓，它紧紧地缠绕着大树，汲取着大树的养分，使大树不能自然生长。总是喜欢与别人比较，这是一种很危险的状态，因为它会使你慢慢变成发牢骚专家。

杨杰今年三十五岁，是一家公司的会计，收入还不错。他有一个不算漂亮但很贤惠的妻子，还有一对可爱的双胞胎女儿，有一套两室一厅的房子。虽然不是大富大贵，但收入稳定，孩子听话，房子是自己的，没有债务，还有点存款，所以一直都感觉很幸福。

但是在今年夏天参加了一个同学聚会之后，他的心态发生了改变。在那次聚会上，他见到了许多事业有成的同学，有许多身家已经上亿，算得上是一方富豪了。他那天是坐着公交车去酒店的，结果一下车，就看到了酒店门口停着一排名车，最次的都要三四十万。当时他身上穿了一件七百多块钱的衣服，这是他最贵的一件衣服，但是看到昔日的同学一条腰带七八千，一块手表都好几万时，他的心里大受打击。

就这样，一顿饭下来，杨杰的心理严重失衡，想想人家住的几百平方米的别墅，回到家里再看看自己几十平米的蜗居，心理的落差让他产生一种严重的不平衡感。想当年大家都在同一个教室里读书，为什么现在他们能住豪宅开名车，自己却要每天挤公交车上班？他越想越难过，终日都陷入痛苦之中，后来竟然患上了抑郁症。

人生最大的缺憾，莫过于和别人比较。相貌平平的人喜欢与漂亮的俊男靓女比，家境贫寒的人喜欢和家财万贯的财主比，普普通通的人喜欢与事业有成的成功人士比，这样又怎么能不苦恼呢？

礼仪大师金正昆教授曾说：“痛苦来自比较之中。”他说，与人交往有“五不问”：第一，不问年龄；第二，不问收入；第三，不问婚姻；第四，不问健康状态；第五，不问个人经历。如果你问了这些问题，要是别人比你好，你痛苦；要是你比别人要好，那别人就会痛苦。这又是何必呢？

俗话说，“人比人气死人。”生活之中的很多烦恼，其实都是比较之后的巨大心理落差所造成的。以自己的缺点去对比别人的优点，能不自惭形秽吗？自己吃饭都成问题了，还要去和开劳斯莱斯、法拉利的大款们比财富，那不是自己找罪受吗？

李娜的闺蜜最近新买了一套房子，于是就请她上门做客。坐在朋友家宽敞的客厅里，李娜想想自己现在还在跟老公租房子住，不禁气馁。回到家之后，忍不住偷偷地将自己老公同人家老公比了又比，结果，真是越比越没劲，越想越郁闷，只能“恨铁不成钢”地数落了一通：“你看看人家，你再看看你！”但老公却只是咧着嘴傻笑。

过了一段时间，李娜又去这个朋友家里玩，结果，看到她的闺蜜正挽

着袖子，趴在地板上打蜡，她老公则悠然自得地跷着二郎腿看电视，还不时盛气凌人地抬手指点说：“喏，这儿，还有那儿，没擦匀，重擦。”

李娜有些看不过去，但这是别人的家事，她也不好发作，只是打趣着说道：“你怎么不懂得怜香惜玉呀，这么粗笨的活叫你老婆一个人做？”

但没有想到，朋友的老公却不以为然地说道：“我出钱买了这房，难道还要叫我出力啊？”

李娜听了不禁愕然，心中也有些发寒。回到家中，她心想自己真是可笑，居然还羡慕人家的老公。自己一家三口虽然住得并不宽敞，却也其乐融融。自己平时比较懒，洗衣做饭之类的家务事基本上都是老公在做，但是老公却甘之如饴，全无半点怨言。现在想来，自己还真是身在福中不知福啊！

我们常常禁不住羡慕别人光鲜亮丽的外表，而对自己的欠缺耿耿于怀。其实没有一个人是完整无缺的，所以没必要做无谓的比较。

曾有位著名企业家说：“我这辈子结交的所谓成功人士不知道有多少。他们或是有钱，或是有权，在别人的眼里，他们看上去实在都光鲜亮丽，但深究其里，每个人都有一本难念的经，甚至苦不堪言。”

相传在古时候的非洲，铁是比较贵重的金属，所以非洲的富家太太们出门的时候都要戴着几十斤重的大铁环，以彰显她们的富贵。那种稀哩哗啦的铁环声掠过穷街陋巷时，都会引来远近穷女人们的啧啧赞叹，但是富太太们看着穷人们轻松自如，可以健步如飞，心理也是羡慕得不得了。她们都认为对方比自己更幸福。

其实，人们只看见月亮皎洁、明亮的光辉，却忘记了月亮背面也是有阴影的。每个人的生命都有欠缺，所以，不要去做无谓的比较。世上没有绝对完美的人生，珍惜自己所拥有的一切比什么都重要。不要常去羡慕别人如何如何，好好盘点上天给你的恩典，你会发现你所拥有的东西绝对比没有的要多出许多。

不要总是将别人的幸福和自己的缺失无限放大，并费尽心机地想要得到它，其实那只不过是你自己苦心构建出的一座空中楼阁。总是将这些八竿子都打不着的包袱背在身上，反而会忽略了身边的美好。

有人说：“人生最大的悲哀，就是想活成别人。”看着别人有钱，看起来很潇洒，于是你也去追逐金钱，看到别人做了一件事显得非常成功，你就也想跟着做，结果只能是一事无成。

桓公年轻时与殷侯齐名，都是一时俊杰，所以常常怀有竞争之心。有一次桓公问殷侯：“你与我相比，如何？”但殷侯却回答说：“我与我周旋已久，所以宁愿做我自己。”台湾诗人蒋勋曾经问他的一位植物学家朋友：“如果含笑的香味和百合的一样会怎样？”那位朋友说：“那它就会被淘汰，因为它东施效颦，没有找到自己存在的理由。”

由此可见，一个人要想在这个世界上活得精彩，就不要盲目地去模仿别人，和别人比较，只有做你自己，才能让自己的人生活出精彩的轨迹。

第四章

无关紧要的较量，争一步不如让一步

不为争“一口气”而失去理智

有句俗话叫：“人争一口气，佛争一炷香。”表现的是一种积极进取的心态。但在现实中，不少人在奋进中却往往被旁人的态度所左右。他们的“争气”不是为了自己的进取心，而是因为对别人生气。人一生起气来，就会失去理智，不顾后果，一意孤行，很有一点儿赌徒的劲头，这就是赌气。我们做人要争气，但是绝对不能够“赌气”。

19世纪美国著名作家索罗从哈佛大学毕业后，曾在马萨诸塞州的一所中学里当过一段时间的老师。当时美国还保留着体罚的制度，对于那些胆敢在课堂上调皮捣蛋的学生，教员就可以动手打他。可是索罗从不动手打学生，因而深得学生们的喜欢。

但是他的这种教学风格却与当时的主流有差异，引起了当地督学的不满，所以他非但没有得到什么褒奖，反而被责备治学不严。索罗听了自然是十分生气，他心想：你不是说不打学生就是治学不严吗？那我就打给你看。于是，他一怒之下便一连痛打了6名犯了错误的学生，然后愤然辞职而去。

在生活中，许多人为了“争一口气”，明知道自己的做法是错误的，但还是会毫不犹豫地做下去。就像索罗一样，明明知道体罚学生是不好的，但是为了跟督学争一口气，还是违背自己的本心，做了错误的事情。

埃文斯是一家上市公司的行政助理，最近他正为他的上司做一个重要的提案。在将工作完成之后，还剩下几个问题需要另外一个部门的一位同事确认，但是他给那位同事发去了几份邮件却都如同石沉大海。

埃文斯猜想对方可能是太忙了，没有时间查收邮件，于是在耐心地等待了一天之后，才打电话过去询问，并还在午餐时当面提醒他。他竭力保持了平静友好的语气，同时也适当地表示出了自己心中的焦急，可是对方还是没有丝毫的回应。一时间埃文斯怒上心头，所以决定不再理会这位傲慢的同事。

很快，提交议案的期限到了，埃文斯的提案自然是没有完成，因为这样公司失去了一个很大的客户，给公司造成了很大的损失。

尽管埃文斯向上司解释说问题不是出在自己身上，但是上司还是将他辞退了，就因为他为了与同事赌气而置工作于不顾。

有人说，人这种动物是智慧的巨人，却也是情绪的侏儒。我们可以明白许多道理，但却因为被情绪左右而无法做到。我们经常听到这样的话：“这口气我是绝对咽不下去的，就算豁出我自己，也决不让对方好过。”于是，为了这一口气，即便是将自己碰得头破血流，也要溅对方一脸血。

曾经有一个故事说一个人开车去上班，结果在小巷子里迎面开来了一辆出租车。这人上班赶时间，于是就想让出租车司机先往后倒一倒，然而出租车司机却想让这人往后倒，于是就发生了争执。两个人各不相让，一直对峙了几个小时，直到交警来了，才解决问题。但是上班这个人因为迟到被罚了奖金，而出租车司机也因此浪费了一上午的时间。

有句话说得好：“忍一时风平浪静，退一步海阔天空。”人生不是为了“争一时之气”，而应该是为长远做打算。

韩信年轻的时候常被人看不起。有一回，一个屠夫拦住了他的去路，对他说：“你虽然长得又高又大，喜欢带刀佩剑，其实你胆子小得很。有本事的话，你敢用你的佩剑来刺我吗？如果不敢，就从我的裤裆下钻过去。”

韩信明白自己要是拔剑的话，眼前的这个人根本不是自己的对手，但是他也知道，要是杀死了对方，那自己肯定也会因此而坐牢，所以便忍住屈辱，从对方的胯下钻了过去。

争一时之气给人带来的不过是一时激情式的满足，本身并没有丝毫的益处，反而会带来许多的麻烦，所以说我们每一个人在生活或是工作中都要学会忍耐，不能因为一时的“不满”、“气愤”，为了争一时之气而丧失了自己的理智。忍耐不是一种懦弱，而是成功所需要的一种特质。

别不抬杠就难受，要有点求同存异的精神

《周易·系辞上》有云：“仁者见之谓之仁，知者见之谓之知。”人与人的观点难免会有差别，在这种时候，未必就要与对方争出个胜负，而是要灵活地求同存异，这才是为人处世的正确方法。

有一句话说得好：“当两个伙伴意见总是相同的时候，其中之一就已经没有价值了。”这也正好体现出各取所长、扬长避短的原则。不同的意见才是避免重大错误的最好办法。

张陵是公司里“公认”的最能抬杠的人，他有一句口头语就是“谁说的”。有的时候抬起杠来，同事就是说煤球是黑的，他也非给辩成白的。旁人打个圆场说有点灰都不行！在他面前大家谁也不敢说出半个带有肯定性的语言，否则他铁定和你抬杠。

有一回，他正在做着上级交代给他的一个企划案。这时候，一个同事从他的身边走过，正好看到了里面的一个小错误。于是这个同事便好意地给他指了出来，谁知道他抬头瞪了同事一眼说道：“谁说的，这里明明就是应该这样弄的。”同事见他不听劝，也知道他的脾气，于是就笑了笑没有再说什么。

结果，张陵的这份企划案提交上去之后，果然被领导看出了纰漏。最后他被领导狠狠地批了一顿，还扣发了当月的奖金。

当有人提出不同意见时人的第一反应就是自卫。对此，我们必须慎

重，小心斟酌对方的意见，并将彼此的想法做一个理智的比较。我们一定要小心自己的直觉，因为直觉与真相之间往往是有很大差异的，况且这涉及一个外来意见与你的想法的冲突问题，你必须控制住自己的脾气，用理智来衡量不同意见的正确与否。

一个喜欢抬杠的人往往认为自己是与众不同的，他们自认为才华横溢，在同事中犹如鹤立鸡群。他毕生要追求的，就是与众不同，所以总是对所有事情都抱有异议。他们常常会将一次亲切的谈话，演变成一场激烈的“唇枪舌战”。

欧哈瑞是一个成功的汽车推销员，但是他年轻时酷爱跟别人抬杠。其实推销员这个职位根本不适合他这个爱抬杠的人，每当客户挑剔他的车子时，他就会涨红脸大声强辩。

虽然他在嘴上赢得了不少辩论，但是这对他的工作却毫无用处，他连一辆卡车也推销不出去。渐渐的，他意识到了自己的弱点，就从各个方面反省自己，改变自己。他开始懂得克制自己，避免和客户发生口角。

几年之后，欧哈瑞成了纽约怀德汽车公司的明星推销员。当问起他的成功经验时，他这样说：“不要试图去和你的顾客争辩。”

欧哈瑞说：“如果我现在走进顾客的办公室，而对方说：‘什么？怀德卡车，不好！我要的是何赛的卡车，怀德的卡车送给我我都不要！’我会说：‘老兄，何赛的卡车确实不错！买他们的卡车绝对错不了。’这样的话，他就无话可说了。没有抬杠的余地，他说何赛的卡车最好，我说没错，他只有住口了。他总不能在我同意他的看法后还说上一下午‘何赛的卡车最好’吧！当我们不再谈何赛的卡车后，我便开始介绍怀德卡车了。”

欧哈瑞：“要是以前的我听到他那种话，早就气得面红耳赤了。我会开始挑何赛卡车的毛病，批评别人的车子不好，对方就说好，越辩对方就越喜欢我对手的货物了。”

就这样欧哈瑞成功地运用了弃卒保帅的策略，尽管对方在口舌上占了上风，但是，他却在推销卡车上取得了胜利。

本杰明·富兰克林说：“如果你老是抬杠、反驳，也许偶尔能获得胜利，但那只是空洞的胜利，因为你永远得不到对方的好感。”

固然与人抬杠争辩有时候会给我们带来很大的心理愉悦，然而它却也会让我们坠入“固执己见”的深渊。一个聪明的人应该设法控制自己的这种行为，因为最终它只能让我们获得自己的劳累和他人的憎恨。

与人相处不是为了纠错

古人云，言语伤人，更胜刀枪。在这个世界上，无论男女老少，都会有自己的脾气，听了别人指责自己的话，大多数人的心中总是会有心结。若是碰上某些言辞犀利、尖酸刻薄的人，更是会因此而心生怒气，甚至情绪失控，大打出手。

“二战”刚结束时，戴尔·卡耐基担任了罗斯福的私人经纪人。有一天晚上，他参加了一个盛大的宴会。宴会中，坐在他右边的一位非常爱表现的先生，刚讲了一段幽默的故事，并引用了一个成语，意思大概就是“谋事在人，成事在天”。

那位先生提到，他所引证的这句话出自《圣经》。然而，卡耐基却知道他错了，因为他清楚地知道这句话的出处来历。于是，他便出言纠正了这位先生。但没有想到的是，这位先生非但没有领情，反而反唇相讥道：“什么？出自莎士比亚？不可能，绝对不可能，那句话出自《圣经》。”

听了这话，卡耐基有些无奈。正好在这时，他看到了自己的朋友法拉克。法拉克对于莎士比亚的作品非常有研究，于是两人就决定向法拉克请教。法拉克听了问题后，突然在桌下踢了卡耐基一下，然后才说道：“戴尔，你错了，这位先生是对的，这句话出自《圣经》。”

在回去的路上，卡耐基非常不解，于是就问法拉克：“你明明知道那句话是出自莎士比亚的，为什么要说谎呢？”

法拉克笑了笑回答："它出自《哈姆雷特》第五幕第二场，这我当然知道，可是亲爱的戴尔，我们是宴会上的客人，为什么要证明他错了呢？那样会使他喜欢你吗？为什么不给他点面子呢？他并没有征询你的意见吗，你又何必指责他呢？"

指责别人，其实就是否认了他人的智慧，否认了他的价值，否认了他的尊严，否认了他的人格，否认了他的自信。指责只会带来怨恨和冲突。富兰克林年轻的时候，就是一个特别喜欢指责别人错误的人，直到有一天，一位教会里的老教友狠狠地训斥了他一顿。

那位老教友对他说："你太不应该了，你总是指责那些跟你意见不合的人，现在已没有任何人会理你的意见了。你的朋友认为你不在场时，他们会获得更多的快乐。你知道的太多了，以致再也不会有人告诉你任何事情。其实，你除了现在极有限度的知识，不会再知道其他更多了。"

正是因为这样，让富兰克林明白了如果不痛改前非，自己将会遭到社会的唾弃，于是他把自己过去所有不切实际的人生观，完全改了过来，最后终于成为了一位杰出的人物。

如果一个人经常指责别人的错误，纠结于别人的一些错误，就会造成双方心理上的隔阂与矛盾。也许你是出于关心和爱护的目的，但是无论你对他有多好、多真、多诚实，假如你一味地用指责的方式去对待他，他是绝不能接受的，也是不会领情的。

心理学家威廉·詹姆斯说："人类性情中最强烈的渴望就是得到他人认同。"所以每个人都会希望得到的是别人的赞赏，指责别人只会招致别人的厌恶。

一位太太请了一名室内装饰师替她配置一套窗帘。等到对方把账单送来的时候，这位太太不禁被上面的数字吓了一跳。

几天后，有位朋友来到她家参观，看到那套窗帘。朋友问过价格后，有点幸灾乐祸地说："这也太贵了，恐怕你是受了人家的骗了吧！"

这位太太有点尴尬，可还是辩解道：“价钱虽然贵了点，但是东西还是很好的！”其实这位太太也知道自己的东西买贵了，可是人们就是不愿意听到这类的实话，所以还是忍不住为自己辩解。

第二天，另外一个朋友来到她家。这位朋友对那套窗帘赞赏有加，并且还表示自己也希望有一套那样的窗帘。这位太太听到这话后，跟昨天的反应完全不一样，反而有些不好意思地说道：“说实在的，我配制这套窗帘，价钱太贵了，我现在都有点后悔。”

当一个人有错误的时候，或许我们自己会极其自然地承认下来，但若是旁人横加指责的话，许多人就会产生逆反的心理。

这正如心理学家鲁宾逊教授所说：“我们有时发现自己会在毫无抵抗和阻力中，改变自己的意念。可是，如果有人告诉我们所犯的错误，我们却会感到懊恼和怀恨。我们不会去注意一种意念养成，可是当有人要抹去我们的那股意念时，我们却对这份意念突然坚持而固执起来。这并非是我们对那份意念有强烈的偏爱，而是我们的自尊受到了损伤。”

其实，人都会有错误的时候，但是并非所有的错误，我们都要将它争辩出是非黑白。有的时候，即便你指责了，结果也并不一定会像你预期的那样。

有理让三分，就是为自己攒人情

先哲说，用争夺的方法，你永远得不到满足，用让步的方法，你得到的可能比你期望的更多。

社会上，有许多“得理不饶人，没理也要搅三分”的人。这些人总是喜欢小题大做，小事大闹，凡事总想争个胜负，结果矛盾越闹越大，事情越搞越僵。

在一家餐厅，有位顾客指着面前的杯子，满脸冰霜地对着旁边的女服务员说："看看！看看！你们的牛奶是坏的，把我的一杯红茶都糟蹋了！"

"真对不起！"女服务员一边陪着不是，一边微笑着说，"我立刻就去给您换一杯。"

很快，这位服务员又端着一杯新的红茶上来了，他轻轻地将红茶放在顾客面前的桌子上，又在旁边放了一个碟子和一只杯子。碟子里摆着几块柠檬，杯子里则装着牛奶。

然后这位服务员轻声地对着顾客说道："我刚才应该建议您，如果放柠檬就不要放牛奶，因为有时候柠檬酸会造成牛奶结块。"那位顾客听了这话，脸一下子红了，然后匆匆喝完茶就走了。

这时，旁边有位顾客笑着说道："明明是他自己不懂，却还叫得那么理直气壮，你怎么不直说呢？"

服务员说道："正是因为他不懂，所以要用委婉的方式对待；正因为道理一说就明白，所以用不着大声。"

听了这话，每个人都点头笑了，同时对这家餐厅增加了许多好感。

有些人天生就喜欢争强好胜，有理要争理，没理也要争三分，不论大事还是小事，一见对方有破绽，就死死抓住不放，非要让对方败下阵来不可，即便是本来就争不清的问题，也想要争个水落石出。他们极具侵略性，常常主动出击，永远要做胜利者，让别人信服他们，实在是令人烦不胜烦。

其实，生活中的很多事情不需要太过计较。我们不但要"没理无须争"，便是"有理也要让三分"，只有这样才能在遇到困难的时候得到别人的帮助，才有可能在遭遇险境的时候化险为夷。

有理让三分，不仅可以化解矛盾，有时还可以增进彼此的友谊，这对我们建立融洽的社会人际关系有着非常积极的作用。有道是，进一步山穷水尽，退一步海阔天空。如果一个人什么事情都要与别人争强斗胜，处处得理不饶人，那么，大家必然会疏远他，在他成功的道路上也必然会增加一些不必要的麻烦。有理让三分，大家就都能够和睦相处，何乐而不为呢？

人和人之间相处总会有摩擦和冲突，但是切记要理性处理，要学会“退一步，让三分”，不要得理不饶人，非得争个你死我活才肯放手。如果那样的话，就算你赢了，大家对你也只会留下“不给朋友余地，不尊重他人”的印象，以后也会暗地里防着你。你会失去真正的朋友，而且被你伤了尊严的人，也会对你记恨在心，这样你就无意中多了一个敌人。

对待生活交往中的一些小事，如果是自己没理的，那自然应该认错道歉，即便是自己有理，也应该大度为怀，持超然洒脱的态度宽容别人。对同事礼让，对朋友宽容，这样你就会得到更多的微笑、更深的友谊，别人对你也会更加敬重。

一个老禅师带着三个徒弟在一座小庙中修行。有一天，二徒弟和三徒弟为了一点小事吵得不可开交，两个人谁也不肯让步。

二徒弟去找禅师评理，禅师在听完他的话之后，平静地对他说：“你是对的！”于是二徒弟得意洋洋地跑回去宣扬。

三徒弟非常不服气，也跑来找禅师理论。禅师在听完他的叙述之后，也郑重其事地对他说：“你是对的！”待三徒弟满心欢喜地离开后，一直跟在禅师身旁的大徒弟终于忍不住了，他不解地向禅师问道：“师父，您平时不是教我们要诚实，不可说违背良心的谎话吗？可是您刚才却对两位师弟都说他们是对的，这岂不是违背了您平日的教导吗？”

禅师听完之后，不但一点也不生气，反而微笑地对他说：“你是对的！”大徒弟此时才恍然大悟，立刻拜谢师父的教诲。

在现实生活中，我们如果不学会尊重别人，就会影响我们与他人之间的人际关系。同理，平日不可因追求一时的口舌之快而作意气之争，更不可因意气用事而得理不饶人，而是要怀着一颗宽容之心，做到有理也要让别人三分。

如果我们能够像上面的老禅师一样，怀着一颗善解人意的心，凡事

都以“你是对的”来先为别人考虑，那么不但可以避免许多不必要的冲突与争执，而且还可以收获他人的善意，从而为建立良好的人际关系打下基础。

有人与你争辩，让他赢

富兰克林说：“如果你老是与人争辩，也许偶尔能够获胜，但那是空洞的胜利，因为你永远得不到对方的好感。”与人争辩，输了，你就会丢了面子，脸上不光彩；赢了，则比输了更加糟糕，因为你的胜利建立在伤害别人自尊的基础上，你将输掉彼此的信赖和情谊。所以说争辩并不能带给你任何胜利，而是伤害的开始，你在赢得一场争辩的同时，也会输掉一个潜在的朋友。

郑林是个个性要强的小伙子，从小到大都喜欢与别人争辩，而且不辩赢就绝不罢休。小的时候，他经常和学校的同学，为一些无关紧要的事情争得面红耳赤，因此与同学相处得极不融洽。

进入大学之后，他为了提高自己的争辩能力，还特意选修了逻辑学和辩论术，也经常参加辩论赛。从那以后，郑林参加了数以千次的辩论赛。然而经过这么多辩论之后，他突然得出了一个结论：天底下只有一种能在争论中获胜的方式，那就是避免争论。

美国前财政部长威廉·麦克阿杜曾说：“你不可能用辩论击败无知的人。”其实这句话不仅适用于无知的人，对于所有的人应该都是一样的。一般情况下，争论的双方都相信自己的看法是正确的，假如我们赢了对方，把他的说法攻击得体无完肤，那又能怎么样呢？你会觉得洋洋自得，但是对方呢？

一个人若非自愿地屈服，内心就仍然会坚持己见。你的胜利并不会让对方意识到自己的错误，只会让他觉得自尊心受损，从而对你心生怨恨，日后若是找到机会，必然会对你毫不犹豫地进行报复。

潘恩互助人寿保险公司立了一项规矩：“不要争论”。他们认为真正的推销精神不是争论，甚至是最不露痕迹的争论都要不得。人的意愿是不会因为争论而改变的，你若想得到别人的认同，就不要和别人争辩。

威尔逊先生是一位所得税顾问。有一次，他因为一笔近万美元的账目问题而与政府的一个税收稽查员发生了争执。威尔逊觉得，这笔税款政府不应该征收，而这位稽查员却认为纳税人必须要缴纳这笔税款。

那位稽查员是个十分傲慢固执的家伙，威尔逊与他争论了一个多小时，却没有丝毫的用处，反而越跟他争辩，他越是固执己见。于是威尔逊决定换一种方式，不再继续跟他争论下去，就换了个话题，还赞赏了他几句。

威尔逊称赞道：“由于你处理过许多类似的问题，所以这次的事情对你来说肯定只是小菜一碟而已。而我虽然对税务也有所研究，不过却没有太多的实际经验。你当然知道，这些是需要实践经验的。说实在话，我非常羡慕你这样的职务，这段时间让我受益匪浅。”

这位稽查员听了这话，脸色也缓和了下来。他挺了挺腰，就开始谈他的工作，讲了许多他所处理的舞弊案件，接着他又说到自己的家庭和孩子，两人的谈话变得愉快起来。在威尔逊离开的时候，那位稽查员对他说，这个问题他回去之后会再考虑一下。

三天后，威尔逊先生接到了那位稽查员的电话，说那笔税按照税目条款办理，不再多征收。

每个人都有这样一个弱点，就是希望得到别人的认同。当你与人争辩，反驳他的看法的时候，自然就会让他觉得自己的自尊受到了挑衅，从而对你产生反感。而相反的，若是你对他表示了认同，那他自然也就会不自觉地对你产生善意。

就像我们在工作中，当受到上司的责骂时，你能直接地与之顶撞争辩吗？当然不行。先不说上司正处于气头上，未必能够听进去你的辩解，就算你能辩赢，结果又如何呢？证明错的是上司，这样会令上司非常没有面子，对你自己更是一点好处也没有。

反之，明明并非是你的错，却还能立正站好，弯腰低头，这被了解内情的同事看在眼里，一定会佩服你的胸襟。事后，等上司气消了，了解了事实以后，也一定会觉得对你有所亏欠，在以后的日子，一定会找机会补偿你，同时还会对你心生好感。

所以，对于身在职场的每一个人来说，别在上司责骂你的时候马上顶嘴，这样做只能使你自己碰得头破血流。哪怕你没有错，也要学会暂时忍受，我们在公司也不会只有一两天，只要你是对的，上司最终还是会补偿你的，而且你得到的会比原先失去的多得多。

即使占理，也不可咄咄逼人

在生活中，人与人之间发生争执在所难免，磕磕碰碰的事情经常都会发生。一旦有了纷争，有时即使我们非常有理，也应避免过分地苛责对方，也不要非得置对方于死地。哲人说：“你能宽容别人，那天地也会更宽广。”正所谓“人非圣贤，孰能无过”，有点宽宏的度量，得理且饶人，生活中就会少去许多不愉快。

公共汽车上人多，一个年轻小伙子不小心踩到了一位中年妇女的脚。中年妇女脾气不好，张口就骂道：“你说你这么大一小伙子，出门都不带眼睛的吗，怎么尽往别人脚上踩呢？”

小伙子本来是想要道歉的，可是听了这话，原本心里的那些歉意立马就被怒气激没了，反唇相讥道：“不就是踩了一脚吗？你的脚就这么金贵，还能踩坏了不成？”

中年妇女听了更不高兴了，说道：“得得得！算我倒霉，现在的年轻人都不学好，看你的样子，不会是刚从监狱里放出来的吧！”

这下可把小伙子惹怒了：“你这人怎么说话呢？”说着就要往前冲，幸好车上的其他人将他们拦开了，才没打起来。

生活中我们会不时地冒犯别人，也会时不时地被别人冒犯，但一个宽容而有修养的人，就会懂得得饶人处且饶人，产生矛盾彼此都会心平气和地去解决，通过道歉和原谅来化解彼此之间的矛盾。一个人若是心胸狭窄，也许就会得理不饶人，从而使得双方陷入无休止的争吵之中。其实很多时候，只要说一句“对不起”，就能够解决问题。但是很多人却不愿低头，也不愿意接受道歉，从而导致恶语相加，大伤感情。

接受他人的道歉，这既是尊重他人，也是尊重自己。尊重他人，不要总是恶意地去揣测对方，认为谁冒犯自己就是存心跟自己过意不去；而尊重自己，就是要让自己有一颗宽容之心，能宽恕别人无心的冒犯。

人的一生其实很短暂，有多少有意义的事等待我们去追求，与其在不断纠缠于小事中浪费时间，倒不如心存一份宽容，得理之时且饶人，予人一份宽容，也是予己的一种仁厚。

据说一个有智慧的人，即便是在大街上听到别人骂他，也不会回头。他根本不想知道骂他的人是谁。因为，他不想为这种令人不愉快的事情浪费时间。智者的确修炼得颇有层次了，知道该干什么和不该干什么，知道什么事情应该认真，什么事情可以不屑。要真正做到这一点是很不容易的，需要持久的磨炼。

在日常生活中，一定要做到得饶人处且饶人，留一点余地给得罪你的人，给对方一个台阶下。否则，不仅无法制服眼前的这个“敌人”，还会让更多的朋友疏远你。

张成是一家印刷公司的经理。有一次他在刊印一份广告宣传单的时

候，出现了一个很大的错误，将宣传单中的地址打错了。等他发现这个错误的时候，单页已经印刷完成了，如果要改的话，肯定要重新印刷，这样不仅会延误客户的使用，而且还要浪费金钱。

张成心中已经准备好了面对客户的训斥和退单，没有办法，无论结果如何，还是要试图和客户联系一下，看看能否挽回。然而，出乎意料的是，客户连说没事，说他们可以再等等，让他放心地去修改。这真是让张成万分感激。

后来，张成有一次遇到了这个客户，无意中说起了这件事。他好奇地问道："当时，你们完全有理由向我们提出赔偿，可是你们却没有这样做。据我所知，那一次，你们公司也因此遭受了一定的损失。"

该客户笑着说："还记得我们刚开始合作吗？那个时候，我们的生意刚起步，当你们把货送过来的时候，我们手里没有货款。当时，你若是执意让我们交付货款，那点钱可能就会导致我们的资金链断掉，从而让公司倒闭，可是你却跟我说：'货你们先用着，等到资金周转开了，再给我们送过来。'这句话，我一直都记着呢！"

张成这才明白，正是因为当初自己的理解与宽容，才换回了今天对方对自己的信赖与帮助。

很多时候，我们都会遇到由于别人的无心之失而给我们带来的麻烦和伤害。这个时候，我们应该大度一点，原谅别人的错误，因为我们也许会犯同样的错误，而且那个时候也同样希望别人能够原谅我们。

再说，虽说人海茫茫，但是你今天得理不饶人，又怎能知道他日你们二人就不会狭路相逢。若是那时他得势你失势，他有理你没理，吃亏的就会是你了。所以，得饶人处且饶人，你在为别人留后路的同时，也为自己铺就了一条通向和谐人际关系的阳光大道。

如果你是一位得理不饶人的人，那么您在与别人交流时，就一定要学会克制自己，不能总想在嘴巴上占尽别人的便宜，否则时间长了，朋友就会逐渐疏远你。在日常生活、工作中，总是为一些小事争得不亦乐乎的人，在社交场上永远不会受人欢迎。

试试认同别人对你的批评

有的人一听到批评，就面红耳赤，忐忑不安；有的则是暴跳如雷，恼羞成怒；也有些表面接受，心里怨恨，伺机回击。其实这些负面回应批评的态度，是极不明智的表现。成功学大师戴尔·卡耐基曾经说过，很多时候，我们明知道一件事情是错误的，可是当我们受到别人批评的时候，就会马上本能地开始为自己辩护。卡耐基说，每次他这样做的时候，就觉得非常懊恼。

《伊索寓言》中有这样一则故事：一个农夫赶着一头驴进城，刚走了一会儿，驴子就离开了平坦的大道，沿着陡峭的山路走去。山上只有一条路，一边是峭壁，一边是悬崖。农夫怕驴掉下悬崖，就拉驴靠峭壁走，可是这头驴却“驴性”大发，就是不肯靠峭壁走，你拉也好，打也好，它偏偏要靠悬崖边走。

结果，这头驴一时失脚，向着悬崖下边滑落了下去。幸好农夫及时抓住了它的尾巴，于是就向上拽，可驴子却拼命挣脱。最后农夫终于抓不住了，这头倔强的驴瞬间掉进万丈悬崖，粉身碎骨。气喘吁吁的农夫对着悬崖下的倔驴说：“你终于胜利了！”

有时别人的批评不是对我们个人本身的不满，而是对我们做事或是对人态度的不满。他们的批评是对我们做事的建议，并不是无中生有的挑剔。但是在现实生活中，许多人却都像寓言中的那头倔驴一样，不愿意接受别人的意见，总是自以为是，一意孤行，最后的结果，虽然不至于真的坠下万丈深渊，粉身碎骨，但往往也会为此付出沉重的代价。

其实，在这个世界上的人，只要是在做事，就难免会出现错误。连罗斯福自己也说，他入主白宫后，所实施的决策，只有百分之五十是正确的。而爱因斯坦更是承认，自己的结论有百分之九十九都是错误的。

富兰克林说："批评者是我们的益友，因为他点出我们的缺点。"善意的批评可以让我们知道自己存在着哪些不足和缺点，以便能逐步弥补和改掉它们，从而完善自己。

美国名将阿德瓦·史丹顿将军曾经当着许多人的面，称林肯是一个"笨蛋"。他之所以对林肯有这么大的怒气，是因为有一次林肯为了取悦一个很自私的政客，签发了一项命令，调动了某些军队，而这严重干涉了史丹顿的工作。

为此史丹顿不仅拒绝执行林肯的命令，还大骂林肯签发这种命令是笨蛋的行为。结果，当林肯听到史丹顿说的这些话之后，他很平静地回答："如果史丹顿说我是个笨蛋，那我一定就是个笨蛋，因为他几乎从来没有出过错，我得亲自过去看一看。"

林肯果然去见了史丹顿。他知道自己签发了错误的命令，于是立刻就收回了命令，向史丹顿承认了错误。他的这种行为赢得了史丹顿的尊重。后来在林肯遇刺后，史丹顿在林肯的墓前这样评价他："在这里躺着的，是世界历史上最完美的统治者。"

林肯曾经说过这样一句话：对于善意的批评，请微笑着接受；对于恶意的中伤，尽管一笑置之吧！

有时认同批评反而是化解尴尬，增进人际关系的一种方法。因为批评不但给我们提供了一个完善自己的机会，让我们可以从别人的角度来剖析一下自己，同时也满足了别人表达自己意见的需求。人都有对某一件事物或是某一个人表达自己观点的欲望，我们满足了他们的欲望，自然也就会获得他们的好感。

有人说，接受批评，这是一种最难培养的习惯，因为我们所希望听到的永远都是赞美而不是批评。虽然我们的内心什么都明白，只有批评才是防止我们跌倒的拐杖，但人终究还是一种感情的动物，容易被主观的情绪所左右。

接受批评，这需要我们有一个良好的心态。如果遇到批评，不要先忙着替自己辩护，而要谦虚，要明理，要保持着良好的心态，以客观的态度去看待别人的批评。

认同了别人的批评，可以让我们有机会在未来的道路上进行修正，甚至帮助我们扫清许多人生道路上的荆棘和障碍，最终改变我们的人生。

面对挑衅、羞辱，控制住情绪

在生活中，我们有时候会无缘无故地遭到别人的挑衅与羞辱。面对这些，我们常常会恼羞成怒，针锋相对，以牙还牙，结果导致矛盾激化，酿成了不可弥补的惨剧。

曾经有一个孩子，父母在他很小的时候就离婚了，他跟随母亲一同生活。母亲的收入不高，所以他们的日子过得很拮据。因为家境贫寒，加上又是单亲家庭，所以学校里的同学都很看不起他，还有许多同学经常欺负、侮辱他。

有一回，他刚走进校门，就被隔壁班的几个同学拦住了。这几个人将他围在中间，说了许多刺激他的话。没有想到的是，这一回，他终于被愤怒冲掉了理智，随手抽出随身带着的一支圆珠笔，向着其中一个人的胸口，狠狠地扎了下去，结果致使那个人重伤。虽然最后因为他是未成年人，而没有被法院追究刑事责任，但是高额的赔偿费用，却让家里更加雪上加霜了。

有句话叫作“冲动是魔鬼”，有很多犯罪、很多麻烦，往往都是由

于一时的冲动造成的。这既伤害了他人，有的时候也可能会毁灭自己的一生。一个理智的人，即使是面对羞辱也能保持冷静，而不是一触即发或走极端，最终使自己在愤怒中迷失方向。

一个人失去了理智，就会做出一些正常情况下不会做的出格的事，这就难免会受到打击和惩罚，但是让自己时刻保持理智却也不是一件简单的事情。理智有时确是很脆弱的，甚至可以说是不堪一击，特别是在受到强烈刺激的时候，人是很难保持理智的。这个时候，不使理智城堡陷落的唯一方法就是让自己先冷静下来。

佛学中有一个偈语叫“恶者自恶，恶还本身”，意思就是说，别人对你的辱骂，如果你不接受，就会落回到那个人身上。辱骂别人就好比是仰着脸对天空吐口水，如果你不去计较他，那他无论吐得多么用力，这口水都不可能到天上去，最后只会落下来，落到自己的脸上。而如果你计较了，为此而恼怒了，那么就相当于你接住了别人的口水。

亚伯拉罕·林肯是一位出身于贫民阶层的总统，他同时也被誉为“美国历史上最伟大的总统”。他的一生都在为解放黑奴而努力，为平等自由作出了非常大的贡献，因此深受国民的爱戴。

林肯的思维机智敏捷，语言风趣幽默，经常会逗得人捧腹大笑，也会说得让那些企图在言辞上让他难堪的人哑口无言。他曾跟史蒂芬生·道格拉斯一起竞选总统，在进行辩论时，道格拉斯指责林肯是个两面派，有两张面孔。林肯听了之后，不慌不忙地回答：“如果我有两张面孔，我还会情愿戴这一副吗？”林肯的相貌不是很英俊，他借此以自嘲，立刻赢得了台下不约而同的叫好。

道格拉斯竞选失败后，心怀不满，总想找机会当众羞辱林肯，让他下不了台。一天，道格拉斯见到林肯，挖苦道：“林肯先生，我初次认识你的时候，你是一家杂货店的老板，站在一大堆杂物中卖雪茄和威士忌，真是个难得的酒店招待呀！”

然而，林肯并没有觉得难堪，而是不以为然地说：“先生们，道格拉斯说得一点儿也不错，我确实开过一家杂货店。我记得那时候，道格拉斯是我最好的顾客了。多少次他站在柜台的那一头，我站在柜台的这一头，卖给他威士忌。”然后，林肯话锋一转：“不过，现在不同的是：我早已从柜台的这一头离开了，可道格拉斯先生依然顽强地坚守在那一头，不肯离去。”林肯这么一说，顿时将周围的人逗得哈哈大笑起来，大家都被他的机智幽默所折服。

在人与人的相处与交流中，难免会因一时恼怒而说出一些伤人尊严的话，也许对方只是无心之失，话一出口就已经后悔，但是因为你的愤怒反应，使他也不甘示弱地与你针锋相对。因此，判断对方是无心之语时，你不妨较有技巧地应对，让对方心平气和，自觉失言，从而化解彼此之间的不愉快。

当然，假如对方很明显是蓄意挑衅或是侮辱你，那你也不妨机灵地回敬他一下。当然，无论是“机智的回敬”还是“唾面自干”，都要记住一个原则，就是千万不可因此而发怒，让自己失去理智。

第五章

不苛求于人，人至察则无徒

欣赏别人，而非挑剔别人

在现实生活中，我们经常会遇到这样的人：坐车的时候埋怨司机嗓门大不礼貌；在单位说顶头上司就只会拍马屁，整天削尖脑袋就想往上爬；下班买菜又骂商贩全是骗子；回到家里，看这不顺眼，瞅那有毛病；每天都是愤愤不平，对着谁都能挑出一堆的毛病，凡是周围认识的朋友都被他臭了个遍。

要是严格说起来，他所挑的这些毛病，也并非是无中生有，但这并不表明，一个人对别人过分挑剔就是合理的。这个世界上的每个人都是好与坏的综合，有优点也有缺点，只要存心挑剔，世上就没有什么人能完全令人满意。

曾经有一个非常优秀的年轻人，一心想找一个完美无缺的女人做妻子，但是他找了整整四十年也没有找到。四十年前的年轻小伙已经变成了白发苍苍的老人，而他所寻找的完美无缺的妻子却依然如镜花水月一般虚无缥缈。这使他感到十分痛苦。

有很同情他的人问他：“老公公，在这么多年里，难道您就没有碰到一个让您觉得完美无缺的女人吗？”老人想了想说：“倒是碰到过一个，虽然不像我设想的那样完美。”那人又问：“那您为什么不当机立断把她娶回家呢？”

听了这话，老人叹了口气说道：“别提了，那女人发誓要找一个完美无缺的男人。”

为人处世，尽管需要认真的态度，但是，如果过分认真，就会落入

“苛刻”的藩篱了。一个人总是拿着显微镜去照别人，用近乎“苛刻”的态度要求别人，那可能我们身边就没有一个好人了。俗话说，“眼不见为净。”总是盯着别人，挑剔别人的缺点，不仅别人难受，连我们自己也会很累。

挑剔是解决不了任何问题的，只会自寻烦恼，自取其辱。与人相处，只要“求大同，存小异”就可以了，或者说“睁一只眼，闭一只眼”才是最好的选择。睁一只眼，就是看到对方的优点；闭一只眼，就是忽略对方的缺点。

相对挑剔来说，每个人更希望获得的是别人的欣赏。不挑剔别人体现的是一种涵养，一种风度，一种宽容的为人处世之道。欣赏别人则不但体现了一个人的胸襟和雅量，还是对一个人人格的尊崇和保护。

也许只是几下掌声、几句赞誉，或者一个眼神、一个微笑，但别人却会从你的欣赏里，得到了对自我的肯定，得到了鼓励、欢乐、信心和力量。

罗杰·罗尔斯出生在纽约声名狼藉的大沙头贫民窟。那里环境肮脏，充满暴力，而且还是流浪汉的聚居地。在这里出生的孩子，长大以后很少会从事体面的职业。罗尔斯的人生原本会像这个贫民窟中的大多数人一样，直到他遇到了那个改变他命运的人。他的名字叫皮尔·保罗。

1961年，保罗被任命为罗尔斯所在学校的校长。他发现这里的孩子从来都不和老师配合，他们旷课、斗殴甚至砸烂教室的黑板。保罗想了很多办法都没奏效。后来他发现这里的孩子都很迷信，于是他在课堂上用看手相的办法来鼓励学生。

当罗尔斯伸出小手给校长看时，保罗说：“我一看你修长的小拇指就知道，将来你一定会成为一名州长。”当时，罗尔斯听了大吃一惊，因为长这么大，只有祖母鼓励过他一次，说他可以成为一名船长。但是这回，校长竟说他可以成为一名州长。

罗尔斯记下了这句话，并且相信了他。从那天起，“成为一名州长”的信念就像一面旗帜，时时激励着他发愤图强。他的衣服不再沾满泥土，说话不再夹杂污言秽语，开始挺直腰杆走路。他没有一天不按州长的身份来要求自己。51岁那年，他终于成了纽约州的州长。

欣赏就像是沙漠中的一汪清泉，给疲惫的旅人重新注入了新的生命活力。当我们在人生的路上屡战屡败而心情沮丧时，旁人一个不经意的欣赏可能会使我们已经快要“枯竭”的意志再次勃发。

不会欣赏别人的人，感情上就难以和别人拉近，从而也很难获得别人的友情和帮助。现实生活中，一个人是不是胸怀宽阔，很重要的一点就是看他是否欣赏他人，又是如何欣赏别人。一个人如果看其他人都是一无是处，那最终自己也难有大的作为。只有学会欣赏别人，才能为自己的发展提供和谐良好的人际环境。

容人小过，斤斤计较不可取

古人云：“宽仁者不责人小过。”不责人小过，是一种修养和美德。有的人对于别人的优点，从来都是视而不见。当别人有了一点小小的过失时，他就苛求责备。这是一种心胸狭隘的表现。

俗话说：“人非圣贤，孰能无过？”在日常生活中，每个人都会因为一时的粗心大意而犯一些错误。倘若我们始终抓着这一点小过错不放手，一味地执着于别人的错误所在，就显得我们自己有点过于苛求了。学会原谅对方的过失，是缓和彼此之间矛盾的最好方法。

楚庄王赐宴群臣，大家一直从白天喝到了天黑。这时候，灯烛突然熄灭，于是，就有人乘机拉扯王妃的衣裳，没想到却被王妃拉断了帽带。王妃将情况禀报给了楚庄王，让他点起烛火，看看到底是哪个人没有帽带。

没想到楚庄王却阻止了她，对着群臣说道：“今晚同我一起喝酒，不

断掉帽带，就不算尽兴。”于是，整个大殿中的大臣们都将自己的帽带扯了下来，庄王这才叫人把灯点上，大家都十分尽兴地离席散去。

过了三年，晋国和楚国交战。晋国军队强于楚国，但是却有位楚国的将军总是在前面冲锋陷阵，五度冲入敌人阵中，带头击退了敌人，最终帮助楚国获得了胜利。楚庄王感到非常惊讶，就问他说：“我的德行浅薄，又不曾特别优待你，你为什么愿意为我做到这样的地步呢？”

那位将军回答：“我就是三年前拉扯王妃衣服的犯上之人啊！本来三年前就该死了，是大王宽厚仁爱，不忍心杀臣下。很久以来臣下就想以肝脑涂地、一腔热血来报答大王的恩德，直到今天才有机会。”

楚庄王不责人小过，而得到了一名义士，从而为自己战胜强晋增添了一大助力。英国军事理论家托·富勒曾说：“过分谴责微小的过失，无异是以利斧砍杀一只伏在朋友额头上的苍蝇。”这样做虽然可以杀死那只苍蝇，但是却也“杀死”了自己的朋友。这里所说的朋友就犹如楚庄王的义士。我们“杀死”了自己的朋友，就等于是堵掉了自己成功的道路。

明代大儒陈继儒曾说过：“朝廷大奸不可容，朋友小过不可不容。若容大奸，必乱天下；不容小过，则无全人。”朝堂之上的大奸大恶之徒我们绝对不能够容忍，但是朋友之间的一点小过错，却是不能不容忍的。若是容忍大奸大恶，必然会天下大乱，但是小过小错都不能容忍，那世上就没有一个全人了。

丙吉是汉宣帝的丞相，他的车夫非常喜欢喝酒，但是酒品却很差，每次喝醉了就做些不检点的行为。有一次他驾车随丙吉外出，酒醉后竟然呕吐到了丙吉的车上，于是相府的管家便想辞退他。

结果丙吉知道这件事之后却说：“他如果因为醉酒误事而遭辞退，还有哪里会收容他呢？不过就是把丞相车上的垫褥弄脏罢了，算不上什么大事。”

一天出门，他看到驿站骑者拿着红白两色的口袋，将边疆的紧急文书送来。这个车夫家在边疆，经常目睹边疆发生紧急军务的情况，于是就跟到皇宫正门负责警卫传达的公交车令那里打听。原来敌人已侵入了云中、代郡等地。

于是他马上回到相府，将情况告诉了丙吉，并说：“恐怕敌人入侵的边郡中，有些太守和长史已经又老又病，无法胜任用兵打仗的事了，丞相最好预先察看一下。”丙吉认为他说得很对，就召来负责高级官吏任免事项的官吏，查阅边境郡县官员的档案，对每个人都仔细地逐条审查。不久，汉宣帝召见丞相和御史大夫，询问敌人所入侵的郡县官员情况，丙吉对答如流。而御史大夫仓促间十分窘迫，只得降职让贤。

每个人都有犯错误的时候，这是不能避免的。我们不能因为一个人的一个小错，就去完全地否定掉一个人，那样终究会无人可用。就像这个车夫，虽然他酒品不好，但却对战事有着非同一般的敏感。正是因为他的提醒，丙吉才能对边关的战事有所准备，后来受到汉宣帝的褒奖。

古语说：“以责人之心责己，以恕己之心恕人。”这句话讲的是，要像责怪别人一样责怪自己，要像宽恕自己一样宽恕别人。对于那些有着小过错的人，我们应该抱着这样的宽容心态。有了这种品质、这种境界，做人就会变得豁达，变得成熟。

多看他人长处，少计较他人短处

俗语说：“尺有所短，寸有所长。”每一个人都会有这样那样的短处或缺点，但是，这些人同样有着各自的优点和长处。所谓“人无完人”，在人际交往的过程中，不要总是盯着别人的短处，而应该抱着宽容的心去多看看别人的长处。

甘戊出使齐国，途中乘船渡过一条大河。船夫鄙夷地对他说：“这条

河对于一个国家来说，不过是一条小小的缝隙而已，你连它都不能依靠自己的力量渡过去，又怎么能为君王当说客呢？”

甘戊回答：“这么说不对，你不知道这当中的道理。世间万物各有各的长处，也各有各的短处。比方说，兢兢业业、忠厚老实的人，他可以辅佐君王，但却不能替君王带兵打仗；像“骐骥”、“騄駬”这些马，能够日行千里，可是如果把它放在家里捕捉老鼠，那它还不如一只小猫。宝剑干将，虽然名动天下，可是给木匠拿去砍木头的话，它还比不上一把普通的斧头。要说抡桨划船，在江上行驶，我的确远远比不上你；可是若论出使大小国家，游说各国君主，你却也比不上我。”

人都会有自己的长处，无论是谁，总会有一些常人无法比拟的独到之处。当我们以审视的目光看待别人的时候，何不换一种思维去对待，只读取别人的长处，而放过别人的短处呢？

传说普罗米修斯在创造人类的时候，在他们的脖子上挂了两只口袋。一只挂在胸前，一只背在身后，前面的那只装着别人的缺点，后面的那只装着自己的缺点。正因为如此，所以人总是善于发现别人的缺点，而对自己的缺点则视而不见。

一个总是盯着别人的缺点看的人，看谁都会觉得碍眼，觉得别人这里是毛病，那里也是毛病。喜欢对别人的生活或工作指手画脚，结果不但自己活得太累，而且还会失去许多朋友。

曾经有一个非常可爱的孩子，他有许多朋友，就连善良纯洁的小精灵也非常喜欢他，常常在他的梦里与他一起玩耍。一天夜里，小精灵为了给这个孩子一个惊喜，就将一盒糖果放进了他的书包。

第二天，孩子发现了这盒糖果，于是就将它分给自己的朋友们吃了。没有想到，在吃完之后，孩子竟然发现自己的这些朋友都变得满身缺点。这个长得太丑，那个穿着太土，另一个声音难听。朋友们相互指责，数落着彼此的缺点，甚至还为此大打出手。

夜里，孩子将自己的麻烦告诉了小精灵。小精灵这才知道自己一时粗心大意，竟然将“发现缺点”的糖果给了孩子。为了补救，于是当天晚上，小精灵又在孩子的书包中放了一种名为“发现优点”的糖果。

次日，孩子又将糖果分给了自己的朋友们。结果吃完糖果之后，孩子突然有了眼前一亮的感觉，他发现朋友们一个个都变得优秀无比了，有的乐于助人，品行高尚，有的多才多艺，能歌善舞。

看着自己的这些朋友，孩子越看越顺眼，也越看越开心，而朋友们看他也是如此，彼此的关系越发地融洽了。

本杰明·富兰克林在总结自己的成功经验的时候说：“我能够客观地看待别人的长处，并尽可能地夸赞他的长处。”这正是富兰克林成功的秘诀，让他从一个木讷的青年成长为一个极富外交手段、能应对复杂人际关系的外交大使。

对于他人的弱点与短处，我们要有体恤之情与包容之心，有容得下别人的胸怀与气度。如果我们一味地挑剔这些人的缺点和毛病，那如何能同这些人长久和谐地相处呢?

少计较别人的短处，不但是人际交往中的技巧，同时也可以让自己保持一个好的心情。大多数人在看到别人的缺点或是阴暗面的同时，心里也会遮上一层阴霾。看着一个满身缺点、让你厌恶的人，你的心里大概也会很不爽。相反，多想想别人的长处，就能让自己的心里更加阳光，也使得自己更加容易与人相处。

尝试理解别人的行为

每一个人都有自己特定的思维模式，这种思维模式决定了他对事物的看法，而当许多不同的看法相互碰撞的时候，矛盾自然就产生了。这个时候，若是人与人之间没有理解，那这种思维看法的差异就会越来越大，最终成为人与人之间一道无法逾越的鸿沟，而我们的生活将会变成一个混乱的战场。

一位母亲看到女儿将前一天吃剩的饭菜倒掉，觉得非常可惜，于是就说道："我们那时候连口饱饭也吃不上，虽然现在条件好了，但是也不能这么浪费啊，好好的东西怎么说倒就给倒掉了呢？你们不吃我吃呀！"

女儿不耐烦地说道："不是跟您说过了吗，过夜的饭菜吃了对身体不好，您怎么就听不进去呢？"

母亲听了更生气了，说道："我都吃了这么多年的剩饭剩菜了，也没见落下什么毛病，你们年纪轻轻的倒是娇贵！"

女儿一听这话，也生气了，说："我这还不是为了您好吗，真是好心没有好报！"

妈妈觉得倒掉剩菜太浪费，女儿则觉得健康才是最重要的，这两者之间都无所谓对错，但是却因此而产生了冲突。其实不同的思维，站在不同的角度，就会有不同的看法，产生不同的意见与行为。

就比如说，同样的梅花，有的人能看出"无意苦争春，一任群芳妒"的孤高，有的人则会看出"疏影横斜水清浅，暗香浮动月黄昏"的娇媚。同样的一轮明月，有的人看出了"月上柳梢头，人约黄昏后"的惬意，有的人则看出了“大漠沙如雪，燕山月似钩”的苍凉。

我们常说在人际交往中，需要的是彼此之间的坦诚。其实相比坦诚，我们更需要的是理解。那什么才算是理解呢？所谓理解其实就是一种换位思考，多站在对方的角度考虑问题。

人与人之间少不了这种换位思考，它是与人相处的一个十分重要的技巧。它让我们将自己的内心感受与对方联系起来，站在对方的立场和感情上思考问题，从而与对方建立起深层次的沟通，为增进理解奠定基础，架起一座便于沟通的桥梁。

理解之桥，就是沟通人与人心灵的桥，是化解人与人之间许多隔阂、误解、矛盾甚至仇恨的桥。凡事如果都能做到换位思考，即使你心中有再大的怒气与怨气，也会消除很多。

现实生活中，我们也许经常会遇到这样的问题：一份你已经整理很久的文件，眼看就要完成了，结果被同事一不小心碰到了地上，一切又得重来；抑或是园圃中一株你呵护了许久的花卉，却被邻居一不小心给踩掉了。这种时候，我们难免会心头火起，对同事或是邻居心生怨恨。

然而，怨恨是没有用的。每天总是生活在各种仇怨、各种利益冲突中，只会让自己心头的怨气郁积，最后害人害己。

有一个人早上开车去上班，在路上与别的车磕碰了一下，结果跟那个司机生了一肚子的气。到了单位后，这位仁兄的气还没有平息，结果心浮气躁之下，工作上也出了一个小问题，于是又被上级领导批评了一顿。

回到家后，他想想自己这倒霉的一天，气得不行。刚好这时他家的猫，从他身边走过，他看着不顺眼，就踢了一脚。猫被踢了之后，到处乱跑，结果把他一岁也的儿子也给抓伤了。

上面这位仁兄要是能够理解那个与他碰撞的司机，那么后面的事情可能就不会发生。

现在我们经常听到有人说“理解万岁”，我们每个人都渴望被别人理

解，那为何不先去理解别人呢？以尊重和善意积极地去与他人交往，在这个过程中就会得到自己所渴望和追求的东西，获得交往的快乐。

理解别人，就是以一颗宽容的心去面对生命中的一切变化。只要我们的心胸开阔一点，就会觉得海阔天空，人自然也就开朗乐观了，人与人之间相处也就会更融洽。

学会与看不惯的人相处

每个人都希望自己和别人能有一个和谐美好的人际关系，然而，要实现这一愿望并非易事。很多不喜欢做的事情你却不得不去做，如人际交往中的一些场合，不可避免地要和那些我们看不惯的人打交道。

现实生活中，许多人都只愿意与自己喜欢的人交往，而对于不喜欢的人，或嗤之以鼻，或敬而远之，从来都不愿上前去主动示好，甚至对于对方的示好也都会视而不见，横眉冷对。这种做法显然对我们开展良好的人际关系是非常不利的。

艾伦是一家销售公司的业务员。他在这家公司已经工作了五年，看着公司一步步地壮大，而他也由原先一个初出茅庐的毛头小子蜕变成了一名成熟的销售员。最近，由于公司的人事变动，艾伦的上司被调走了。他本以为自己会接任上司的位置，成为本部门的经理，没想到的是，公司竟然从外面新聘任了一个管理者。

有一次，他和新来的经理一同去见一个公司的大客户。当到了那里之后，艾伦突然发现自己带的文件夹里面，有一份很重要的采购表没有带，于是他又返回去。可是客户却因此心生不满，而且经理毫不犹豫地当着客户和其他人的面狠狠地批评了艾伦。

当时，艾伦也很生气，心想自己可是公司的元老，而对方虽然职位比自己更高，但终究是个刚来公司的新人，当着众多人的面让自己下不了台，多少有点针对自己的意思，于是也拍着桌子和上司大吵了一架。

自从这件事之后，艾伦发现对方时不时地总给自己找茬儿。两个人在一起的时候，总是觉得很别扭。艾伦甚至开始躲避上司，尽量避免两人独自相处。有的时候，艾伦甚至想辞职不干算了，可是他在公司已经奋斗了很久，若是离开了，一切就得重新开始，终究还是下不了决心，所以只好留下来，但是工作上却再也没有原先的激情了。

在人际交往中，我们总是会不可避免地和一些我们看不惯的人打交道，他们可能是你某个难缠的顾客，或是与你有冲突的上司，抑或是让你感到厌烦的同事。

如果只是个人交往，我们的确可以用“不喜欢”为理由，断绝与他们往来，但是在社会生活当中，又有多少交往属于纯粹的个人交往呢？所以，很多时候我们不得不违心地硬着头皮去和我们不喜欢的人打交道。

有人说：“人生就像一杯葡萄酒，有芳香醇厚也有苦涩。”我们在品味香醇的时候，自然也要连苦涩一同接受。

而且生活中许多人之间相互看不顺眼，也并不都是道德品质方面有问题，就像是我们看不惯的人里面，也并非都是品格低下的人，有些只是因为彼此之间的性格不合而导致的。一个性情沉稳、做事忠实认真的人，自然会看不惯那些咋咋呼呼、毛毛躁躁的人；而行事果决大胆的人，十有八九也看不上那些优柔寡断之人。

陈雨以前在一家房产公司的售楼处工作，在工作中常常都会遇到一些合作很不愉快、让她很看不顺眼的人，于是她便找了个机会换了份工作。可是到了新公司之后，她发现，这个问题依然没有解决，总还会时不时地与人发生不愉快。

因为有前车之鉴，所以这次她没有选择再次跳槽，而是仔细地寻找原因。久而久之，终于让她明白了问题的关键所在，原来许多时候与同事发

生矛盾，并不是因为工作上发生的分歧，而是因为两个人的性格不合。

发现了这点之后，她决定要改变自己与同事之间的相处方式，学着与不同性格的人相处。渐渐的，果然公司里那些平日里和她有矛盾的同事，都对她友好起来了。

学会和自己不喜欢的人相处合作，是做人的艺术。人们总是本能地向着自己喜欢的人身边靠拢，而远远地躲开那些自己看不惯、讨厌的人。然而，生活中没有那么多的随心所欲，除了亲人、知己和朋友，社会上还有形形色色的人，我们不能将他们割裂出去，否则就永远只能生活在自己的小圈子里。

事实上，学会和不喜欢你的人交朋友，也并不如想象中的那样难，自己的想法是最关键的。只要你能克服心理障碍，对那些人多一点包容，多一点忍让，即便对方对你不好，也仍旧要保持与对方友好的态度。“人非草木，孰能无情”，只要心存善念不断地付出，对方一定会转变。

无上的福分，是对别人的释怀

中国有句古语：“海纳百川，有容乃大。”说的就是我们要用宽容之心来接纳万物。宽容是什么？有人说宽容是一种非凡的气度，是一种广阔的胸襟；有人说，宽容是一种高贵的品质，是一种崇高的境界；有人说宽容是一种生存的智慧，是一种生活的艺术。

莎士比亚说：“宽容就像天上的细雨滋润着大地。它赐福于被宽容的人，也同样赐福于宽容的人。”宽容是一种福分，它既是对别人的释怀，也是对自己的一种善待。

梁国有一个大夫名叫宋就，曾经做过一个边界的县令。这个县与楚国相邻，两个国家边境戎边的军队都种瓜。梁国的士兵比较勤劳，经常浇灌他们的瓜田，所以瓜长得很好；而楚国士兵则比较懒惰，很少去浇灌他们的瓜，所以瓜长得不好。

楚国士兵心里嫉恨梁国的瓜种得比自己好，于是夜晚偷偷去破坏他们的瓜，所以梁国这边的瓜总有枯死的。梁国士兵发现这件事后，就请求县尉，也想偷偷前去报复破坏楚营的瓜田。县尉就向宋就请示，宋就说：“唉！这怎么行呢？结下了仇怨，是取祸之道啊！人家使坏你也跟着使坏，心胸怎么能这么狭小呢？我来教给你办法，一定要在每晚都派人过去，悄悄地为楚国兵营在夜里好好地浇灌他们的瓜园，不要让他们知道。”

于是梁国士兵就在每天夜间偷偷地去浇灌楚兵的瓜园。楚国士兵早晨去瓜园巡视，发现都已经浇过水了，瓜也一天比一天长得好了。楚国士兵感到奇怪，就仔细查看，才知道是梁国士兵干的。楚国县令听说这件事后非常高兴，于是详细地把这件事报告给了楚王。楚王听了之后，又忧愁又惭愧，于是拿出丰厚的礼物，向宋就表示歉意，并请求与梁王结交。

佛祖说，要结束一切冤怨唯有以德报怨。所以，我们应当用宽容之心，去感化怨恨的心灵，不要因为别人的些许得罪或是冒犯而心生怨恨。人恶亦恶，以怨报怨，那怨恨就永远都不会有尽头了，这不但伤害了别人，同时也会让自我的心灵蒙尘。

我们的心如同一个神奇的容器，当往里面装满爱时，这个容器就会越来越大，而往里面装仇恨的时候，容器就会越来越小，直到最后被怨恨填满。因此，我们何不宽容别人，抛弃仇恨，放下愤怒，来善待自己呢?

从前有一位禅师因为佛法高深，所以得到了大家的尊敬，但是城中却有一个财主非常不喜欢他，因为人们总是用禅师的德高望重来衬托财主的无耻贪婪，这让财主心中很不是滋味，于是他决定要找个机会好好地教训一下禅师，让他出一出洋相。

这一天，禅师正带着一众弟子给城中的百姓讲解佛法，财主突然领着

几个仆人来到禅师面前，对着他大声辱骂，还将一些很龌龊的事情栽赃到了禅师头上。禅师的弟子和前来听禅的百姓们见此都非常地生气，但是禅师却依旧静静地坐在蒲团上，好像没有听到财主的辱骂一般。

过了很长的时间，财主见禅师还是不动怒也不辩解，觉得有些自讨没趣，就带着人和自己的仆人离开了，而禅师自始至终都脸色平静，没有说一句话，好像什么都没有发生过似的。

从这一天后，财主再也没有来捣乱过了，禅师也依旧受人尊敬，好似那天的事真的没有发生过一般。

释怀别人的冒犯，你就可以避免不必要的烦扰；没有烦扰的介入，你就会没有是非的干扰。正因为心中有宽容，所以我们的内心才得以平静，又有什么能够比得上平静的心态呢？生活中有些人，对事情斤斤计较，无理也要搅三分，如果他有理了，后果将不可设想。然而，真正的智者，以宽容之心包容别人，即便是受到了别人的冒犯，也会退让一步，轻松释怀。

如果你以一种宽容的眼光去看待世界，你就会觉得绿水青山，白云蓝天，无一不是令人赏心悦目的彩图。如果你以一种宽容的心态去对待生活，生活将会是无比轻快、欢畅、真实而美好！

我们在工作生活中亦当如此，无论是同事之间，还是亲人朋友之间，都应当怀着宽容之心对待他们，不要因为一些小事而斤斤计较。这是对别人的释怀，其实也是对自己的善待。

有人不喜欢你，那是再正常不过的事

世界上没有两片完全相同的叶子，也不会有两个完全相同的人。人跟人是有所不同的，这就难免会有人喜欢什么，有人不喜欢什么。在人际交往中也是如此，一个人也不会被所有人喜欢。有人不喜欢你，那是再正常不过的事情了。

艾薇从哈佛大学毕业之后，去了一家大型的物流公司上班，成为了公司经理的助理。到了公司之后，她为了有一个好的人际关系，努力地讨好公司里的所有人，就是为了让所有人都能够喜欢她。

但事实上，她并不能让所有人都满意。和上司交流的时候，她非常小心谨慎，但是上司却认为她缺乏独立性，不能独自把任务做好。给下属吩咐任务的时候，她尽量温和一些，以防下属有抵触情绪，但是正因为这样，下属根本不听她的话。

有一次，她独自策划的一个项目让公司获得了非常大的利润，因此她还受到了公司老总的奖赏。这本来是一件好事，但是她的上司却认为艾薇的出色威胁到了自己的职位，所以对她非常冷淡；而她的下属则因为风头都被她抢尽了，所以非常嫉恨她。这下，艾薇的日子更不好过了，她感觉自己像是得罪了公司里的所有人。

卡耐基说：“我们不可能让所有人都满意，因为我们都不是完美的人。”也许是因为个人性格也许是其他的原因，总之我们不可能让所有的人都喜欢自己。每个人都有喜欢和不喜欢的人，别人不喜欢你是很正常的事情，就像你也有不喜欢的人一样。

罗伯·霍金斯是芝加哥大学史上最年轻的校长之一。霍金斯小时候的家境并不好，但是他非常聪明，也非常努力，半工半读地念完耶鲁大学，先后还当过伐木工人、家庭教师、作家。在30岁那年，他成为全美排名第四的芝加哥大学的校长。

霍金斯算是一个非常成功的人了，但是别人对他的评价却也不是一片赞誉。老一辈教育家批评他经验不足，而年轻的教育家说他教育理念不成熟，就连报纸上批评他的文章也常常是铺天盖地的。

不要试图去赢得所有人的欣赏，只要按照自己的原则用心去待人做事就可以了。美国前任国务卿鲍威尔曾说过，你不可能同时得到所有人的喜欢是极为明智的。如果你希望和每一个人都搞好关系，最后你付出了很多时间去给别人帮忙，不欣赏你的人仍旧不欣赏你。

曾经有一位年轻的画家，一次他在画完一幅自己十分满意的画作后，拿到展厅去展出。为了能听取更多的意见，他特意在他的画作旁边放上一支笔，请他人指正。如果有观赏者认为此画有败笔之处，就可以直接用笔在上面圈上标记。当天晚上，画家兴冲冲地去取画，却发现整个画面都被涂满了记号，没有一笔一画不被指责的。他的情绪十分失落，同时对这次尝试也深感失望。

他把自己的遭遇告诉了一位朋友，朋友建议他换一种方式试试，于是，他临摹了同样一张画去展出。但是这一次，他要求每位观赏者标注出自己最为欣赏的地方。结果，等到他再次取回画时，发现画面也被涂遍了记号。许多曾被指责的地方，如今却都换上了赞美的标记。

他不无感慨地说："现在我终于发现了一个奥秘：无论做什么事情，都不可能让所有的人都满意，因为，在一些人看来是瑕疵的东西，在另一些人眼里或许是美好的。"

在某些人眼里的缺点，在另一些人眼里可能就会变成优点。每个人对人对事对物的看法都是有差别的。客观的评价，说来容易，做起来却难，主观的看法，见仁见智，不免偏激。

而在孔子的眼中，即便有的人真的能够做到让每个人都喜欢自己，也依然算不上是完美。

曾经有人问孔子："听说某人住在某地，他的邻里乡亲全都很喜欢他，你觉得这个人怎么样？"孔子答道："这样固然很难得，但是在我看来，如果能让所有有德操的人都喜欢他，让所有道德低下的人都讨厌他，那才是真正的君子呢！"

让所有有德操的君子喜欢你，那自然是非常好的，但是若是连道德低下的小人都喜欢你的话，那按照“物以类聚，人以群分”的原则，你的品格估计也好不到哪里去！

无论你怎么为人处世，欣赏与厌恶总是同时存在的，让所有人喜欢是不可能的事。同样的，想让所有人讨厌也不那么容易。我们应该抱着一颗平常心，理性地对待外界的评价。对于别人的批评，要虚心听取，“有则改之，无则加勉”，但千万不要为之而影响自己的心情。

第六章

顺其自然不纠结，云水随缘且自在

既然不能改变，那就顺其自然

很多时候，我们会无奈地发现我们的能力其实真的是很有限。许多事情我们明明知道眼下的时局，但是却无力做出改变。就像我们明明知道明天会下雨，却无法改变天气；明知道身患绝症的亲友将会离世，也无力挽救他。现实中，我们无力改变的东西实在太多了，有的时候与其耿耿于怀，倒不如放平心态，顺其自然。

一位美国作家曾经讲过这样一个故事。曾经有一个孩子和几个同龄的小伙伴跑到一间荒废的老木屋的阁楼上玩耍，当他从阁楼上面往下跳的时候，左手食指上的戒指却在不经意间被栏杆上的一枚钉子钩住了，结果他的整根食指都被拉断了。

这个孩子当时痛得大叫，但是相比疼痛他更吓坏了，因为他知道自己可能再也好不了，从此之后便只有四个指头了。后来这个孩子成了一名出色的建筑师，在一次接受采访被问及那根断指时，他说道：“一开始我为它惶恐过，但是后来我就不再为它烦恼了。因为事实已经无法改变，再担心也不过是自寻烦恼。”

比尔·盖茨曾说，许多残酷的事实，我们是无法逃避、无所选择的，抗拒不但可能毁掉我们的生活，而且也许会使自己的精神崩溃。因此，人在无法改变不公和不幸的厄运时，要学会接受它、适应它。

对于那些已经无法改变的事情，与其徒劳抗拒，不如将精力放在其他还可以做出改变、能够变得更好的事情上。乔治五世就曾在白金汉宫的宫

殿墙上留下这样的话："我不会为月亮的消失而哭泣，也不会为做过的事懊悔。"

西方有句谚语："不要为打翻的牛奶杯而哭泣。"事情已经无法改变，即便哭泣也不能挽回什么，所以，与其纠结于既成的事实，不如将精力放在如何解决问题上，避免以后再犯同样的错误。这正如我们现在流行的一句话："你也许不可能改变三分钟之前发生的事情，但你可以设法改变三分钟以前的事情所产生的后果。"

叔本华说过："有接受的能力，才是人生旅途上最重要的事情。"对那些无法避免的事，我们要勇敢地去接受。

美国著名作家塔金顿说过这样一句话："我可以忍受一切变故，除了失明。我绝不能忍受失明。"

然而，在他60岁的时候，这个他无法忍受的事情却降临到了他的头上。他的一只眼睛几乎已经瞎了，另外一只眼睛看东西也变得模糊不清。他的医生告诉了他一个残酷的事实：他即将失明。

但是令大家感到意外的是，塔金顿并没有被这个残酷的厄运所击倒，他很快就调整好心态，接受了这个事实。失明对他来说也并非是多么的令人难以忍受，有时候，他甚至也会幽默地自嘲。眼里浮游的斑点阻挡了他的视力，当大斑点晃过他的视野时，他会说："嗨！又是这个大家伙，不知道他今早要到哪儿去！"

在完全失明之后，塔金顿依旧保持着乐观，他说："我已经接受了这个事实，所以我可以面对任何状况。"

诗人惠特曼这样说："让我们学着像树木一样顺其自然，面对黑夜、风暴、饥饿、意外等挫折。"这不是逆来顺受，也不是不思进取，而是一种淡定从容的人生态度，也是一种顺其自然的处事方式。

顺其自然，并不是让我们束手接受生命中所有的不幸，只要有任何可以挽救的机会，我们就应该努力奋斗。就像塔金顿，为了恢复视力，他在一年内得接受十二次以上的手术，而且只是采取局部麻醉。

所谓顺其自然，意思是当我们发现情势已不能挽回时，不要拒绝面对现实。拒绝面对只是逃避，并不能解决任何问题，我们要学会接受不可避免的事实，只有如此，才能在人生的道路上掌握好平衡。

只有接受现实，才能真正解决问题。诚然，很多时候我们不能改变事实，但若是细心准备，未必就不能挽回事实所造成的后果。就像我们虽然不能改变天在下雨的事实，却可以提前备好雨伞，或是为自己披上一件雨衣，这样我们同样可以不被雨水淋湿。

现在拥有的就是最好的

俗话说，这山望着那山高，到了那山更糟糕。人心总是贪婪而不知满足，总是觉得未到手的东西比自己已经拥有的东西要好，所以总是千方百计地想去得到，结果得到之后却发现，似乎它还不如我们原先拥有的。

比如说小的时候，我们总是渴望着长大，认为长大了就能够主宰自己的生活，想玩到天黑就玩到天黑，想买什么吃就买什么吃，父母再也不会在我们面前指手画脚。然而长大后却发现，生活的压力是如此之大，人生的烦恼也越来越多。我们的身体虽然自由了，但是心却得不到自由，于是，就又羡慕起无忧无虑的童年时代了。

从前有一个药材商，家中养了一头专门磨药的驴。因为他的生意做得很大，每天都需要非常多的药材，所以这头驴每天都要做很多的活，但是它却没有因此而得到更多的食物，于是它的心中有些怨气。

这一天，掌管动物的天神来人间巡游，这头驴趁着这个机会，向天神诉苦道：“我的主人每天都让我做非常多的工作，这让我非常劳累，我希望可以从这些工作中解脱出来，请您给我换一个主人吧！”

天神警告它说："你的主人已经很仁慈了。他虽然让你干了很多的活，但是给你准备舒适的窝和可口的草料，如果你发现下一个主人还不如这一个，你一定会后悔这样的请求的。"但这头驴坚持要离开这个地方，最后天神便将它卖给了一个砖瓦匠。

换了主人之后，这头驴发现它的负担更重了，而且砖瓦场上的工作要比磨药辛苦一百倍，于是它又去请求天神再为它更换一个主人。天神听了他的请求，叹了口气后告诉它，这是他最后一次答应它的请求了，然后将它卖给了一个制皮匠。

驴此时终于开始后悔自己的决定了，它悲哀地说道："即使我被先前的任何一个主人饿死或者累死，也不愿意和现在这个主人在一起，因为他要的不是我的劳动，而是我的皮呀！"

现在很多年轻人不论是学习还是工作，都好高骛远，总认为还有更好的在前面等待自己，而不肯脚踏实地地做好自己应当做的事。正如文中的那头驴一样，总以为换个主人，就会有更美好的未来在等着自己，最后却反而害了自己。

人性的一个共同弱点就是常常吃着碗里的，看着锅里的，还惦记着其他的，却往往忽略了自己所拥有的，只有失去了才想起来后悔。殊不知，最珍贵的东西，永远是你握在手里的，放在心上的。总是期待那些未到手的，而不珍惜自己手中所有的，这样又怎么可能获得幸福呢？

在一个学术研讨会上，一位年轻的记者问霍金："史蒂芬先生，疾病已将你永远固定在轮椅上，你不认为命运让你失去太多了吗？"这个问题显然有些突兀和尖锐，报告厅内顿时鸦雀无声。但霍金的脸上却依然平静，他用自己独特的金属质的声音说道："我的大脑还能思维，我有终生追求的理想，有我爱和爱我的亲人和朋友，对了，我还有一颗感恩的心。"

人是喜欢做梦的动物，我们总是会为自己虚构一些浪漫的情节，然后费尽心思地去追求，却不知道最美丽的风景就在眼前，自己拥有的才是最好的。

有一个人年轻的时候，曾与一位姑娘相恋。那个姑娘美丽、开朗，虽然皮肤黑了点，但却是颗人见人爱的“黑珍珠”。后来这位姑娘远嫁他方，而这个人也早已娶妻生子。可是他总觉得妻子这也不顺眼，那也不顺心，无论是长相还是性格都让他不满意，与自己心中的“黑珍珠”简直不能同日而语。

后来，他的妻子也对他失望了，索性就放开他，让他去寻找自己的梦中情人。他如遇大赦般地去了。他在自己的脑海里设计了种种重逢的浪漫情景，坐了几天的火车，终于到了目的地。于是，他满怀憧憬地敲开了“黑珍珠”的家门。

然而，开门的竟然是一个腰围粗大的黑胖女人。一见面女人就认出了他，兴趣盎然地对他大讲泡酸菜的经验，因为当时她正在泡酸菜，屋子里满是酸菜的酸腐味。他呆住了，这就是令他魂牵梦萦的、朝思暮想的“黑珍珠”！

这个人见到自己往日的梦中情人之后，这才豁然惊醒，原来自己一直都陶醉在自我想象的幻境里不可自拔。现实中有许多人也像这个人一样，一生都在追求一些不切实际的东西，到头来才发现自己所拥有的便是最好的，而自己却从来无视它的存在！

也许我们所拥有的不一定是世界上最好的，有时甚至是最微不足道的，但却是我们最珍贵的，最值得我们珍惜的。因为只有珍惜现在的拥有，你才能拥有希望和快乐，也才会拥有豁达、健康、积极的人生态度。

怀疑自己生病，就会真的生病

大多数人对自身的健康都十分关心，这本是无可厚非的。但有的时候，若是担心得过了，反而不美。

许多人因为太过担心自己的健康，所以对疾病就产生了一种恐惧的心理，看到别人得了什么大病，总是不经意地往自己身上联想，从而终日紧张焦虑、多愁善感、忧心忡忡，甚至万念俱灰，连坐着等死的心都有了。

李恪今年35岁，但已经拥有一家资产逾千万的公司，也算得上是一个成功人士了。这一天，他在驾车过程中突然感到心口发紧，便赶紧停下来休息。正巧前几天，他的一个同学因为急性心脏病而去世。想到去世的同学，李恪的心中惶恐起来。

后来，这种心口发紧的感觉冷不丁就会冒出来。李恪觉得自己的心脏肯定是出了大问题，于是他赶紧跑到医院去做检查，什么透视、脑电图、心电图、超声波、纤维胃镜……能做的检查都做遍了，却什么异常都没查出来。

但李恪还是不放心，又去省城的大医院检查了一遍，结果却还是一样。虽然医院的检查报告都说他没病，但李恪还是总感觉心慌、失眠、精神烦躁。结果最后，他因为过度焦虑而引发了应激性心脏病而病倒了。

这种总是怀疑自己有病的心理，在医学上称为“疑病症”，是一种精神类病症。这是由于我们的焦虑和惶恐所引起的。总觉得自己有病的人，不但会大量地消耗我们自身的精力，同时这么个神经兮兮、一惊一乍的人也会给自己的家人和朋友带来许多不必要的麻烦，从而形成一种恶性循环。

有一些人以往就体弱多病，他们对自己健康的信心相对较弱，总觉得自己会比别人更容易染上疾病，因此每当身体不适的时候，就会比别人有更多的忧虑。还有一部分人在工作或生活中遇到一些挫折，导致心情特别郁闷，这样的人也会特别关注负面信息，对自己的健康产生怀疑。

有人说，人的精神世界就像是一个小宇宙，当中蕴含的力量是相当巨大的，甚至可以冲破我们自身的极限。曾经有一个母亲为了救自己的孩子，甚至抬起了一辆小汽车。我们还经常能听到这样的故事，说是某某身患绝症的病人，凭着自己的意志，最后竟然奇迹般地战胜了病魔，获得了新生。这便是人精神的积极力量，当然除了这种积极的力量，精神也会存在消极的力量。

许多人看到周围的亲属或是同龄人生病、死亡后，就会对自己产生一些暗示，于是精神的力量就体现出来了。它让自己也进入到这种“角色”当中，进而出现了类似疾病的躯体症状。

曾经有一个人在无意间将自己反锁在了冷藏室里，顿时间他的心中惶恐起来。他使劲地敲门，但是外面却没有人给他开门。他心中绝望地想到：“完了，这次真的是要冻死了！”他越想就越怕，越怕就越冷。

到了第三天，有人打开冷藏柜的时候，发现他整个人缩成一团，脸色发青，嘴唇发紫，竟然早就死去多时了，而且死状竟然和冻死之人极其相似。然而，冷藏室的管理人员百思不得其解，因为这个冷藏柜并没有打开冷气啊，这个人是怎么“冻死”的呢？

这便是自我暗示的结果，就因为这个人总是想着“我要冻死了”，一遍一遍地暗示自己，结果导致了死亡。

很多时候，我们生病不是因为外部的原因，而是因为自我的暗示。自我的心理暗示干扰了我们的生理机能，从而产生了病症。

要想避免自我怀疑，首先我们要的就是一个乐观豁达的心态。总是怀疑自己有病的人，往往具有固执、多疑、敏感、谨慎等性格特点，遇事

总是过多地考虑悲观或不幸的一面，缺乏自信，所以要有意识地培养自己豁达、乐观的情绪，不疑病，不恐病，平时和亲友多交流，释放内心的压力。

强扭的瓜不甜——爱要争取但不要太强求

爱情应该是建立在两个人相互喜欢的基础上。任何一方的付出，或是任何一方的拒绝都不能够产生爱情，自然也就不能够品尝到爱情的甜蜜滋味，要是强行去尝试的话，结果只能是苦涩和辛辣。

正如俗话所说，“强扭的瓜不甜”，男女双方假如其中的一个不喜欢对方，没有爱的感觉，即使另外一个再怎样深爱着对方，也是不会有好结果的。爱这东西，也可以去努力争取，但绝不可强求，否则只会带来更大的痛苦。

张辉一年前和自己的女友李慧提出了分手，因为他觉得对方的条件和自己相差太远了。在分手之后，他又相继交往了几个女孩，但却总是觉得还是李慧更好一些。他心中渐渐觉得，可能李慧才是自己真正爱着的那个人，于是他便去找李慧，提出了复合的想法。

但是李慧却拒绝了他。李慧曾经因为他提出分手而伤心欲绝，然而也因为那一次分手，让她感觉到张辉不是个可以托付终身的人，双方做朋友可以，但是她拒绝复合。

张辉自然不甘心，于是就时常来骚扰她，隔三差五还送些小礼物，简直比恋爱的时候还要勤快。久而久之，李慧就有些厌烦了。有一次，她当众将张辉送来的一束鲜花扔进了垃圾桶。

这一来，原本耐心快要耗尽的张辉被彻底激怒了，他对李慧的爱意变成了满腔的怨恨，终于在遭到了李慧的再一次拒绝之后，竟然举刀挥向了李慧。

李慧被当场刺成重伤，而张辉则因涉嫌故意杀人被公安机关逮捕。

因爱而生怨、生恨是很不幸的，这些都是愚痴的行为，因为真正的爱情需要双方你情我愿、有因有缘才能成就，不是自己想要就要。

现在，各大新闻媒体以及一些知名网站上都相继报道过全国各地出现的情感纠纷案。有的是因感情不和，一方寻短见的；有的是因第三者插足而报复杀人的；有的是因父母干涉而双双走向不归路的。诸如此类的情况，数不胜数。

有人说，爱情应该是自由的，但是，如果把自己的感受强加给别人，要求别人一定要按照自己的意愿去做、去接受的话，那就是不可原谅的了。每个人都有爱的权利，可以去爱别人，但是却不能够要求别人也要像你爱他（她）那样来爱你。如果这样，这种爱就是给别人加上了包袱，施加了压力，那么，试想一下，这样的爱还会有什么快乐、幸福可言吗？

其实大家都明白一个道理，爱情应该是双向的，如果对方不爱你，就不要苦苦追求不舍，而应该知趣地离开。可是，有些人偏偏就是死心眼，非卿不娶，非君不嫁，不但为对方带来了困扰，也让自己陷入了困境。

杨帆是个个性阳光的大男孩，他相貌俊朗而且成绩优异，对于各种社团活动也一直踊跃参加，但却一直没有找到女朋友。朋友们都挺为他着急的，就跟他说，你这么优秀，怎么还不早点找个女朋友？但他却回答说，我一定要找一个让我一见钟情的女孩。朋友们都笑说，哪来那么多的一见钟情？但是杨帆却始终坚持己见，于是就一直单身。

到了大四的时候，终于在一次社团活动中，他遇到了一个女孩。那个女孩长得很漂亮，而且很有气质，性格很开朗，看问题也很有主见。杨帆一眼就喜欢上了，他向女孩要来了联系方式，然后就开始了猛烈的追求，但是女孩却拒绝了他。杨帆不死心，每周都在女孩的宿舍楼下等女孩，而且经常拿着花约她看电影，但是女孩都不为所动。

慢慢地，杨帆心灰意冷了，他的成绩不断退步，社团活动也很少参加了，而且还学会了抽烟和酗酒。

爱情里面有许多强求而不得的情况，强求的结果并不美好，执念往往带来的是痛苦而不是幸福，就好像赌输的人一样，心中不服气，总是想翻本，钱输光了就想办法再借，也因而越陷越深，不可自拔。

爱情不是物质，可以随便占有，爱情更不是停车场，可以随进随出，感情是脆弱的，一旦破坏，就很难复原。如果明知一份感情祈求不得，就应该勇敢地放手，洒脱地与这份感情说再见，说不定，那种放弃是最好的解脱，也会是下一份感情到来的良好开端。

患得患失是人生之大忌

子曰："鄙夫可与事君也与哉？其未得之也，患得之。既得之，患失之。苟患失之，无所不至矣。"意思是说一个鄙夫在没有得到官位时，总担心得不到，已经得到了，又怕失去它。如果他担心失掉官职，那他就什么事都干得出来了。

这种鄙夫在我们现实生活中也有许多，他们在没有得到的时候害怕得不到，得到了又害怕失去，面对得失，斤斤计较，吃不香，睡不着，内心时刻受着煎熬。

一个富豪每天开车路过公园的时候，总是看到有个衣衫褴褛的乞丐坐在公园的长椅上死死地盯着对面的旅馆。富豪为此感到很奇怪，于是有一天，他走到那个乞丐面前问道："请原谅，我真的不明白你为什么每天上午都盯着我住的旅馆看？"

乞丐答道："我没钱，没家，连住的地方也没有，只得睡在这长凳上。不过，每天晚上我都梦到住进了那所旅馆。”

富豪听了笑了笑，对他说：“今晚你一定能如愿以偿，我将为你在旅馆租一间最好的房间，并付一个月房费。”乞丐听了高兴极了。

过了一段时间之后，富豪突然又想起了那个乞丐，于是就来到了那家旅馆，想听一下他是否对此感到满意。然而，出人意料的是，这个乞丐早就已经搬出旅馆了。

富豪在公园的长椅上再次看到了这个乞丐。他感到非常不解，就问乞丐：“你不是做梦都想住进那个旅馆吗，现在你的梦想实现了，为什么又要搬出来呢？”

乞丐回答道：“以前我睡在凳子上，我就梦见我睡在那所豪华的旅馆里，那种感觉真是太棒了；可一旦我真的住进旅馆里，却怎么也睡不着了，因为我一闭上眼睛，就会梦见自己又睡在了公园的长椅上，这种梦真是太可怕了！”

“天下熙熙，皆为利来，天下攘攘，皆为利往“，人活在世上，无论贫富贵贱，都不免要和名利打交道，但一个人若对名利得失太过斤斤计较，总是在欲望与失望之间摇晃，那就永远都没有真正满足、真正幸福的一天。

生活中往往有这样一些人，他们做什么事情都是犹犹豫豫，做了怕出错，不做又怕错失机会，总是要经过反复考虑才敢行动，但是做完之后却还是免不了提心吊胆，整日将自己笼罩在患得患失的阴影之中。

前秦氐族人苻朗所撰的《苻子》记载了这样一个故事：传说夏王太康时，东夷族的首领名叫后羿（并非尧帝时射日之后羿），是一位百步穿杨的神射手。夏王听闻后，非常欣赏他的本领，于是便派人招他入宫来给自己表演。

夏王带他到御花园里找了个开阔地带，叫人拿来了一块一尺见方、靶心直径大约一寸的兽皮箭靶，用手指着说：“今天请先生来，是想请你展

示一下精湛的本领，这个箭靶就是你的目标。为了使这次表演不至于因为没有竞争而沉闷乏味，我来给你定个赏罚规则：如果射中了的话，我就赏赐给你黄金万两；如果射不中，那就要削减你一千户的封地。现在请先生开始吧。

后羿听后顿时脸色不定，呼吸紧张局促，而后乃引弓射箭，没想到竟然没有射中。如此，后羿变得更加急躁了，他再次弯弓搭箭，结果却射得更偏。

夏王对大臣傅弥仁说："这个后羿,射箭是百发百中的，但对他赏罚,反而就不中靶心了，这是何故呢？"傅弥仁说："就像后羿,高兴和恐惧成为了他的灾难,万两黄金成为了他的祸患。人们若能抛弃他们的高兴和恐惧,舍去他们的万两黄金,那么普天之下的人们都不会比后羿的本领差了。"

有人说："患得患失是人生的精神枷锁，是附在人身上的阴影。"后羿因为患得患失，所以没有得到他应该得到的，反而失去了他不该失去的东西！我们若想要得到辉煌的人生，就必须要打碎精神枷锁，丢掉思想包袱，走出患得患失的阴影。

古人云，"非淡泊无以明志，非宁静无以致远。"要想走出患得患失的阴影，首先要做的便是要看淡名利得失，用一颗平常心去看待一切。要知道每一种生活都有它的得与失，正所谓"醒着有得有失，睡下有失有得"，世间之事本无常，得之无须惊喜，好好珍惜便是了，失去也不必感觉无所适从。

月亮即使有缺，也依然皎洁；人生即使有憾，也依然美丽。得失从容，顺其自然才是智者之慧，患得患失不仅折磨自己的心智，更会使自己一事无成，苦恼不堪。

放弃，有时就是最好的选择

人生有取有舍，有得也有失，不理智地抓着那些不属于自己的东西，有时真的会活得很累，所以人生想要快乐无拘束，就必须要懂得放弃。放弃不是一种盲目的逃避，而是一种理性与睿智，也是一种豁达与清醒。并不是所有的道路都是畅通无阻的，如果当我们发现，自己的努力可能不会有所收获的时候，那就应该理智地选择放弃。

有两条河流从源头出发，相约流向大海。它们穿过丛林，越过山涧，最后进入了沙漠之中。这个沙漠广阔无垠，没有尽头，两条河流不知道自己是否能够穿过它。它们一筹莫展，于是便讨论着接下来该怎么办。

其中一条河坚定地说：“我一定要穿过去，然后找到大海。”

另一条河则说：“不如停下来等一等。如果前进，我们走不出沙漠可能就干涸了。”

结果一条河执着地前进，最后它干涸在了沙漠里，而另一条河流则停了下来，多年之后，这里成为了一片绿洲。

世事无常，并不是每一次的坚持都是正确的，也不是每一次的放弃都是错的。有些时候一次明智的放弃，反而会让我们得到另一种收获。有人放弃了一棵树，却得到了一片森林；有人放弃了一滴水，结果却换来了整片海洋。

聪明的人，并不一味地执着坚持，在必要的时候，他们宁肯放弃，宁肯做出必要的自我牺牲，以谋求更好的生存和发展。放弃不是一种无奈，也不是一种无为，其实理智与正确的放弃，是一种成熟，更是一种智慧。

人们常说“舍得、舍得”，说的就是一种取舍。该“舍”什么，该

“得”什么，说到底是一种人生智慧。成功的最佳目标不是最有价值的那个，而是最有可能实现的那个。有时，你不放弃那个看起来价值最大的，你就不可能选择那个最有可能实现的。

放弃与坚持，是每个人面对人生问题的一种态度。的确，在面对选择时，勇往直前的坚持需要莫大的勇气，但有的时候，放弃更加需要勇气和智慧。

亚伦·拉斯顿是一名爱好登山探险的美国青年。2003年4月26日，他独自一人来到了位于犹他州东南部的蓝约翰峡谷。这里风景迷人，但是人迹罕至。他在攀过一道三英尺宽的狭缝时，一块巨大的石头挡住了他的去路。拉斯顿试图将这块巨石推开，但巨石却滑了下来，将他的整个右臂压在了旁边的石壁上。拉斯顿忍着剧痛想推开石头，但是却没有丝毫用处，无奈之下，他只好保存精力等待救援。

然而一直过了四天，始终没有经过的路人，而拉斯顿也已经耗尽了自己的食物与水。当第五天早晨，他从浑身无力的状态下醒过来的时候，他终于明白，他坚持不了多久了。此时摆在他面前的是两个选择，第一个就是继续在这里等待着可能永远都不会出现的救援，另外一个就是放弃自己的右臂。

拉斯顿最终选择了后者，他用随身携带的一把折叠刀割断了自己的右臂。他先是折断了前臂的桡骨，几分钟后又折断了尺骨。由于大量的失血，再加上剧烈的疼痛，拉斯顿在断臂的过程中数次都险些昏死过去，但最后他还是凭着求生的信念给自己做了简单的处理。

放弃了右臂的拉斯顿，最终活了下来。他沿着峡谷跌跌撞撞地走了几公里之后，遇到了两名外来的游客。这两名游客帮他报了警。不久，一架救援直升机赶到，将拉斯顿送到了最近的医院。

人有的时候，要学会放弃，就像是大树要想生长得更加旺盛，就要剪去自己多余的枝丫，花朵若是想要结出果实，就要放弃娇美的容颜。放弃是面对生活的真实，承认挫折，明智地绕过暗礁，避凶趋吉，让自己理性地抵达阳光的彼岸。

只有懂得放弃，才能有机会做出明智的选择。只有我们在自己的人生道路上，找到适合自己的人生坐标，才能够充分发挥聪明才智，改变自己的命运，从而到达成功的彼岸。敢于放弃，是一种明智的选择，是一种人生的境界，也是一种更科学、更合理的追求。它将有助于我们在前行的路上成为更大的赢家。

当你没鞋穿时，想想别人甚至没有脚

很多人总是在抱怨命运的不公，觉得上天对自己过于吝啬，然而，当他蓦然回首的时候，却会发现，他拥有的其实并不少，不管是亲情、友情、爱情，他一个都不缺，他缺少的只是一颗豁达的心。当你不抱怨这个世界的时候，你就会发现，你其实已经很幸福。

契诃夫曾说：“若是你的手扎了一根刺，那你应该高兴：挺好，多亏这根刺不是扎在眼睛里！”这是一种何其豁达的人生态度！我们都应当珍惜自己所拥有的，因为活着一天，那就是福气。当你哭着喊着说自己没有鞋子的时候，你是否想过，有许多人甚至连穿鞋的脚都没有；当你在感叹这个世界太无聊的时候，你是否想过，有些人一直都没有见过这个世界；当你为父母的啰唆唠叨而厌烦的时候，你是否想过，许多人早已失去了父母的疼爱，只能独自一人，孤单地生活在这个世界上。

有一个名叫约翰·库缇斯的澳大利亚人，他先天骶骨发育不全，出生时双腿像青蛙般细小，连医生都被他刚出生时的样子吓住了。医生给了约翰的父亲一个残酷的建议：“抱歉，你需要举行一个葬礼。”医生断言，这个孩子活不过一周。然而，约翰却活了下来，他活过了一周，活过了一个月，活过了一年，现在他已经四十多岁了，而且依然坚强地活

在这个世界上。

不难想象，天生的残疾注定了约翰要经受比别人多得多的磨难。10岁那年，约翰上学了，可他却被同学们当成了“怪物”，受尽嘲弄和虐待。他的同学经常把他推倒，就是想看他倒在地上爬不起来的狼狈样子。他曾被人像玩偶一样吊在转动的风扇下无法解脱；他的同学曾偷偷地在他的椅子周围撒满图钉，让他的双手扎进了11枚钉子；17岁那年，几个同学用刀片将他那两条没有知觉的腿割得血肉模糊，结果导致伤口感染，被迫切除了下半身。

虽然历经磨难，但约翰却还是乐观地活着。约翰用略带幽默的语气说：“我不得不如此，否则我无法生存下来。我必须学会对别人置之不理，听他们的嘲笑，转过脸去，然后走开。我学会了坚强，但不冷酷。”

约翰曾说：“如果你觉得不幸，永远有人比你更不幸。当我们看到比我们更不幸的人，我们有什么理由抱怨呢？”说这句话的时候，他提到了一个名为肯尼的朋友。肯尼是一个脑瘫患者，不能说话，手和脚都不能行动，只能永远坐轮椅，靠下巴控制轮椅的方向来“行走”。约翰说：“你是否曾抱怨过门外的雨？但是，我的朋友肯尼，他生命中最大的梦想却只是在雨中散一次步，让雨水自由自在地落到脸上。”相比肯尼，约翰觉得自己是幸运的。

十全十美的人生是不存在的，每个人的生活中都会有一些不尽如人意的地方，就看你怎么样去面对了。与其羡慕他人，不如完善自己。只要正视现实，不放弃努力，不完美的人生也一样会活得精彩，一样会演绎出完美的生命乐章。

曾经有一个少年酷爱音乐，但是在一次意外中，他不幸失去了双手，可是他凭借着毅力，靠着自己的一双脚，最后成为一个著名的钢琴演奏家。他其实和约翰有一个共同之处，那就是从来都没有把自己放在弱者的位置上，而是靠着乐观的精神和坚强的毅力去创造自己的未来。他们用自己残缺的身体，诠释了一个美妙的人生。

一个年轻人常抱怨自己贫穷。有一天，他鼓足勇气来到一个富翁的家中，向他请教致富的秘诀。

富翁看了看年轻人说：“致富其实很简单，你只要把你的一双眼睛给我，我就可以给你一袋黄金。”

年轻人听了大惊，忙大声拒绝道：“不，我不能失去眼睛！”

富翁又说：“好，那么我要你的一双手吧！把你的双手给我，我就给你一箱珠宝。”

年轻人尖叫着再次拒绝：“我的双手也不能失去！”

富翁再次说道：“那给我你的双脚怎么样？只要你把双脚给我，我就可以给你任何你想要的东西。”

年轻人非常气愤，怒声道：“够了，我是不会拿双脚和你做交换的。”

富翁看了看发怒的年轻人，笑了笑说道：“你看，我用一袋黄金换你的双眼，你不愿意；我用一箱珠宝换你的双手，你也不愿意；我用你想要的所有东西换你的一双脚，你同样不愿意。这说明在你的心里，双眼比黄金重要，双手比珠宝重要，甚至现在你想要得到的一切都比不上你的一双脚。你觉得，你真的贫穷吗？”

青年听了，如梦方醒。他谢过富翁，昂首阔步地走了出去，俨然自己也成为了一位富翁，因为他已经知道自己拥有了多么丰厚的财富。

拥有一双眼睛，你可以用来学习；拥有一双手，你可以用来劳动，创造财富；拥有一双腿，你可以在这个世界上自由地行走。现实生活中，许多人都像那个年轻人一样，总是抱怨命运不公，抱怨自己怀才不遇，其实，生活的富有就是用自己拥有的东西创造价值。

说起来，我们都不贫穷，不要总是抱怨上天给你的太少。也许你没能拥有让自己满意的鞋子，但是有的人却连脚都没有。珍惜现在所拥有的，想要更多就要靠自己去创造。只要怀着坚定的信念，每个人都能创造出人生最美丽的风景！

第七章

该执着的时候执着，该变通的时候变通

在你认为正确和值得的事上坚持

贝多芬说：“涓滴之水终可以磨损大石，不是由于它力量强大，而是由于昼夜不舍地滴坠。”任何事物都不是一蹴而就的，总会有产生、发展的过程。一个人要想取得成功，不能仅仅靠三分钟热度，而必须有“绳锯木断，水滴石穿”的精神。

举世闻名的好莱坞巨星西尔维斯特·史泰龙，在尚未成名之前，曾经是一个穷困潦倒的年轻人。当时他身上只剩100美元现金，唯一的财产是一部老旧的金龟车，而他就睡在车里。有时，他穷得连停车费也付不起，所以只能将车子停在24小时营业的超市门口，因为那个车位是不用付钱的。

有一年，史泰龙根据自己的人生经历和感悟创作了一部电影剧本，但当时他只是一个名不见经传的小人物，自然没有人会在意他。为了能够将自己的剧本拍成电影，他决定前往电影公司去推销自己。

当时，好莱坞有大约500家电影公司，他根据自己的路线与排列好的名单顺序，带着自己写好的、量身订做的剧本一家一家地前往拜访。但第一遍下来，所有的500家电影公司没有一家愿意聘用他。面对百分之百的拒绝，史泰龙没有灰心，他开始了他的第二轮拜访与自我推荐。在第二轮拜访中，他仍然遭到了完全的拒绝。

但史泰龙没有放弃，继续着这种看似毫无意义的拜访。第三轮他还是没有任何收获，就这样一直持续到了第四轮。当他拜访第350家电影公司时，公司的老板破天荒地答应让他留下剧本先看一看。

几天后，史泰龙终于如愿以偿，而他也终究没有让电影公司失望，这部名为《洛奇》的电影成为好莱坞电影史上的一个传奇。史泰龙一炮而红，成为了万众瞩目的超级巨星。

每一个人都明白，所有梦想的实现都是需要经过不懈努力的，然而，现实生活中，大多数人往往都只是在空想，在徘徊，而很少有人能为之付出努力与艰辛，所以，成功往往属于少数人，而大多数人往往就流于凡俗了。

很多人之所以实现不了自己的目标，很大程度上就是因为少了一种坚持，少了非要把事情干到底的精神。他们往往浅尝辄止，因此眼睁睁失去了可能到手的成功。看准了的事情，如果没有百折不挠的坚持，绝难取得成功，只有坚持到底才能有所收获。

当然，坚持的前提是要“看准”，唯有正确的才是值得坚持的，坚持错误只会错上加错，就如同南辕北辙，方向错了，即便是马跑得再快，车再好，也不可能到达目的地。坚持一个错误的观点，只会离成功越来越远，没有丝毫的价值。

两只青蛙比邻而居，一只住在深水池里，不容易被人瞧见，另一只住在路边的水沟里，沟里的水很少，旁边还有一条马路。

池里的青蛙经常劝沟里的青蛙要注意安全，并请它搬到深水里与自己同住，因为这里比较安全，也容易找到丰富的食物。但沟里的青蛙拒绝了，它坚持要住在自己的地方。

有一天，一辆笨重的马车从路边翻到了旁边的水沟里，沟里的青蛙没有来得及逃出来，就被重重的马车压死了。

并不是所有的坚持都可取，坚持有坚持的前提，那就是方向必须正确。在我们的工作当中也是如此，我们说要做成一番事业首先便是要坚持，但是坚持的前提就是我们选择了适当的职业，若是让梵高去学音乐，让爱迪生去学画画，那就是再坚持也是没用的。

20世纪50年代时，以色列人曾邀请爱因斯坦去担任以色列总统，但是爱因斯坦却拒绝了他们。他说：“关于自然，我了解一点，关于人，我几乎一点也不了解。我这样的人，怎么能担任总统呢？”我们应该庆幸爱因斯坦的拒绝，否则世界上就会少一个一流的科学家，而多一个不称职的总统。

无论在生活中，还是在工作上，有不少人都缺少那种在重要的事情上坚持不懈的韧劲，但是在一些无关紧要的事情上，他们却浪费精力不肯放弃。这不能算是坚持，只能说是固执。我们应努力做到坚持而不是固执，对自己订立的目标抱着坚定的决心勇往直前，又善于与他人交流，虚心听取他人意见，并勇于根据实际变化适当调整自己努力的目标和方向，只有这样，才能拥有一个美好的人生。

坚持发挥自己的优势，而不是弥补自己的劣势

成功是每一个人都渴望的，但是每个人的成功之路却有所不同。一个成功者常常不在于他们掌握了多么全面的能力，而在于他们找到了自己的强项，发挥了自己的强项，这就是成功者的一般规律。即使是再愚蠢的人，也一定有自己的长处。我们往往羡慕别人所拥有的优点，而忽略了自己本身具有的优点和长处。善于发挥自己的优势，这是一个成功者必须具备的素质。

德国化学家奥托·瓦拉赫是1910年诺贝尔化学奖获得者，他奠定了脂环族和波烯化学研究的基础，同时也是人造香精和合成树脂工业的奠基人。瓦拉赫在化学上的成就是令世人瞩目的，但是这位化学界的天才走上化学之路的过程，其实还是很崎岖的。

在他开始读中学的时候，父母希望他成为一名伟大的文学家，所以为他选择了一条文学之路。不料只学了一个学期，老师就给他下了这样的评语：“这个孩子很用功，但是过于拘泥了，这样的人或许会有完美的品德，但绝不会在文学上有所成就。”此后，他便只好转学油画，但是他极不善于绘图，也不会调色，对于艺术更谈不上有什么理解，因此成绩在班里一直都是倒数第一。

对于这么一个“愚笨”学生，大多数的老师都对他束手无策了，只有

他的化学老师发现了他的才能。他认为瓦拉赫做事一丝不苟，具备做好化学实验应有的品格，便建议他试学化学。父母接受了老师的建议。

自此，瓦拉赫开始了他的化学生涯。谁都没有想到，这块文学艺术的“朽木”，在化学上竟然有着如此超凡的天赋。

有人说：“垃圾是放错了地方的宝贝。”每个人都有自己天生的优势和局限，成功的人生规划，就在于扬长避短，最大限度地发挥自己的优势。

爱因斯坦在念小学和中学时，功课并不突出，特别是文科方面非常不好。他的希腊文和拉丁文的老师都很厌恶他，还曾公开说他将来肯定不会有大出息，甚至还想把他赶出校门。但是爱因斯坦对数学、几何和物理方面有着浓厚的兴趣，凭借在这些方面的优势，他最终成为了伟大的物理学家。

自己的强项，就是自身的优势，找到自身的优势，并且把它转化为成功的支点，是我们自己人生成功的基础。

无论是在生活中，还是在工作中，人们都懂得扬长避短的道理，但是如何合理地对待它们，则每个人都各有不同侧重：有的人竭力地发挥自己的优点和优势，至于自己的劣势则尽量避免，而有的人则通过弥补自己的缺点和劣势来完善自己。

某公司的外贸部有两位翻译，一位是日语翻译，一位是英语翻译。两人都是刚从名牌大学毕业的学生，能力强，而且还年轻，公司的老总也非常看好他们。为此，两个年轻气盛的人常常在工作中暗暗较劲，你追我赶，一直想要压过对方一筹。

最近几个月，公司因为常与一些日本企业有合作，因此管理层经常需要和日本人打交道，那位学日语的理所当然地经常在公开场合露面。一时间，他在单位里的风头盖过了那位英语翻译。

英语翻译对此自然是非常不满，心想着若是照这样下去，自己肯定会处于劣势，彻底被日语翻译压过一头了！是可忍孰不可忍，于是他决定凭着大学时选修过日语的基础，暗暗学习日语，准备超越对手。

一年后，他拥有了一张日语等级证书，开始尝试着与日商进行对话，帮助一些营销员处理一些有关日文的翻译任务。同事们对他掌握两门语言十分佩服，他自己也有了一种自豪感。

但就在这个时候，他在翻译一份英文贸易合同时，因为一个关键性的词汇出错，给公司带来了非常大的损失。虽然最后公司通过谈判，挽回了损失，但老板还是为此很震怒。

最大程度地发挥自己的优势，也是最大程度地创造自己的价值。其实我们对于所谓的缺点、劣势、弱点，应该想办法避免，而不是想着怎样克服和弥补。因为一个人花在发挥优势上的时间和精力所产生的效益，往往要比用在弥补缺点、克服弱点上所产生的效益大得多。

敢于坚持走自己的路

人生的路上有许多的岔口，在这些岔口当中也许只有一条道路可以通向成功。这时候，我们有两个选择，要么根据自己的情况选择，走自己的路；要么就遵从别人的决定，走别人为我们选择的道路。

然而，别人的选择终究不是自己熟知的，别人看好的路也未必会适合自己。所以，我们应该敢于坚持走自己的路，即便路上荆棘密布，即便自己会满身伤痕，我们也无怨无悔，因为这是我们自己的选择。

积雪很厚，父亲走在前面，踩出大大的脚印，让儿子循着他的足迹向前。但儿子却不听，非要和父亲并排走。雪漫过他的脚面，有一些就趁机钻进了他的鞋子里。

父亲担心儿子的脚会冻坏，呵斥儿子跟在自己后面。儿子回头看看自己踩出的两行浅浅的小脚印，说：“不，我要走我自己的路。”

跟在别人的脚印后面，永远走不出自己的道路。试想一下，当我们暮年回顾自己的人生道路时，发现自己的每一步脚印都不过是对前人的重复，那这样的人生，又能有什么意义呢?

一个成功者往往敢于选择做真实的自己，走自己的路，不管自己所选择的这条路是平坦还是坎坷，是喧闹还是冷清，他们总是会用一种永不言败的精神和不断努力奋斗的勇气坚定地走在自己的路上。

惠特曼是19世纪美国著名的诗人、散文家。他的作品热情奔放，冲破了传统格律的束缚，用新的形式表达了民主思想和对种族、民族和社会压迫的强烈抗议，对美国和欧洲诗歌的发展产生了巨大的影响。然而在一开始，特立独行的惠特曼却并不被大众认可。

1954年，惠特曼的《草叶集》问世，但是因为他那创新的写法，不押韵的格式，新颖的思想内容，并不那么容易被大众所接受，有些报刊甚至将它批驳得一无是处。然而，这本诗集的出版却让远在康科德的著名作家、拥有“美国文明之父”之称的爱默生激动不已。他给予了这些诗以极高的评价，称这些诗是“属于美国的诗”，“是奇妙的”，“有着无法形容的魔力”，“有可怕的眼睛和水牛的精神”。

虽然《草叶集》并未因爱默生的赞扬而畅销，然而，惠特曼却从中增添了信心和勇气。1855年底，他又印了第二版，在这版中他又加进了二十首新诗，但是依旧反响平平。

1860年，当惠特曼决定印行第三版《草叶集》，并将补进些新作时，爱默生竭力劝阻惠特曼取消其中几首刻画“性”的诗歌，否则第三版将不会畅销。但是执着的惠特曼仍是不肯让步，他对爱默生说:“在我灵魂深处，我的意念是不服从任何的束缚，而是走自己的路。《草叶集》是不会被删改的，任由它自己繁荣和枯萎吧！”他还说:“世上最脏的书就是被删灭过的书，删减意味着道歉、投降。”

最终，第三版《草叶集》出版获得了巨大的成功。不久，它便跨越了国界，远渡重洋传到英国，继而畅销于欧洲乃至整个世界。

无论把一件事情做得多么完美，也不可能让所有人都对你投以赞许的目光，所以不要总是用别人的眼光来判断自己是否正确。做人要永远走属于自己的路，而不要被别人的评论所左右。

爱默生说：“偏见常常扼杀很有希望的幼苗。”所以，为了避免自己被“扼杀”，只要看准了，就要充满自信，敢于坚持走自己的路，否则，很容易在别人看似合理的建议中迷失方向，从而失去自己的本色。

但丁说过：“走自己的路，让别人说去吧！”每个人都有自己的人生道路，我们不能控制别人走什么样的路，但却可以选择自己做什么样的人。对于别人的批评和建议我们应当尊重，但千万不要因为太过在意别人而改变自己的轨迹。

执着于无望的事情，只能一无所获

唐朝有一位禅师曾有一首诗云：“空门不肯出，投窗也太痴。千年钻故纸，何日出头时？”说的是一只苍蝇想要飞出屋外，正门大开它偏不走，却一直往窗纸上面撞，这样就算是撞上一千年，也是不会有出头之日的。

一个人若想要做成某件事情，除在过程中付出努力之外，最重要的还是要看这件事情有没有成功的可能性。若是没有，那即便用功，也会像竹篮打水一样，到头来只能是一场空。

马祖道一禅师，四川广汉县人，12岁时在罗汉寺出家，20岁前后在渝州依圆和尚处受具足戒，26岁时在衡山传法院结庵而住，常习坐禅。

当时南岳怀让禅师住持般若寺，得知有一僧人每天坐禅，可能是一个有造就的人，于是准备前往传法院见道一。

怀让禅师问道：“大师每天都在这里坐禅，到底是为了什么呢？”

马祖道一说道：“当然是为了成佛。”

怀让禅师听完后，拿起一块砖头，在马祖道一的草庵前用力磨起来。

马祖道一非常奇怪，于是问道："禅师，你磨砖究竟是要干什么？"

怀让禅师哈哈一笑，说："我磨砖是想做一面镜子。"

马祖道一奇怪地问："磨砖哪能做成镜子呢？"

怀让禅师说："是呀，磨砖不能成镜，那么一味枯坐就能成佛吗？"

马祖道一听，豁然开悟，于是就投在怀让禅师的门下修习禅学，最终成了禅宗的一代宗师。

唐朝诗僧寒山曾道："蒸砂拟作饭，临渴始掘井。用力磨碌砖，那堪将作镜？"磨砖成镜，与掘地寻天、缘木求鱼一样，再怎么努力，也无法达到目的。

有人说，人生最大的烦恼就是想要追求的东西得不到。许多人拼尽全力去追求一件东西，结果到头来却发现自己所追求的东西竟然是不存在的。就好比那只水中捞月的猴子，虽然它费尽心思，冒着落水的危险去捞水中的月亮，但是却没有丝毫用处，因为水中根本就无月，再使劲也只能摸到冰凉的水。

《庄子》中有这样一个故事：从前有一个叫朱平曼的少年人，他非常羡慕神话故事里面那些屠龙的英雄们，总想着自己要和他们一样，学一身精湛的武技，然后去屠龙。有一天，他听说有个叫支离益的人擅屠龙之术，便赶去拜支离益为师，立志将这种人间稀有、世上少见的剑法学到手。

他不惜散尽万贯家财，勤学苦练了三年，最后终于将他的屠龙剑术练到了炉火纯青的境界，于是便辞别了老师，开始仗剑闯荡江湖，显姓扬名。然而他四处寻觅却找不到一条龙的影子，所谓的一身绝技，最终也没有任何用武之地。

世界上根本就没有龙，即便再努力学成屠龙剑术，又能有什么作用？那些不切实际的幻想，即便是一味地坚持，结果也不会因为你的错误坚持而出现奇迹。

20世纪20年代，第一次世界大战硝烟刚尽，美国颁布了“禁酒令”，严禁20周岁以下的人买酒，希望以此在全国范围内强制禁酒。然而，人类历史上就不曾有过可以杜绝酒精诱惑的崇高时代，这项法令从颁布之初就注定了是不可能实现的。果然，所谓的“禁酒令”并没有让美国人成功摆脱酒精的影响，反而让那些黑市商人大赚了一笔，也把社会推向了动乱的边缘，为20年代末的大萧条埋下了隐患。

生活中有许多事情本来就是不可能实现的，若是执着于此，也不过是浪费时间与精力，没有丝毫的用处。对于有些事，有时需要换位思考一下。放弃未必不是好事，它也许会是明智的选择，甚至是另一种成功。

此路不通，换条路试试

伊尔莎·斯奇培尔莉是世界公认的20世纪最著名的服装设计师之一。她曾经写过一篇名为《通往广场的路不止一条》的文章，这篇文章最后还被出版社选中，编入了教材当中。文中向我们讲述了一个这样的道理：“通向成功的道路不只有一条，当此路不通时，不妨试着换条路走走。”

一个在金融界工作多年的人，一心想要去读中国人民银行总行的研究生。可是一连考了好几年，几部《中国金融通史》几乎被他翻烂了，对历代的金融体系和古钱币倒是烂熟于胸，却还是年年落榜。

在此期间，许多朋友拿着一些年代久远的古钱币过来请教，起初他还能细心解释，久而久之，就有点不厌其烦了。后来，问的人实在太多了，他索性编了一册《中国历代钱币概述》，一来是为了给朋友提供方便，二来也算是巩固一下自己的基础知识。没有想到的是，他的这本书被一位书商看中，买断出版之后，竟然销量不菲。于是这位落榜生摇身一变，成了一名古钱币鉴定专家外加畅销书作家。

在现实生活中，我们总是朝着自己既定的目标去奋斗，去拼搏，但却不是所有人的既定愿望和理想都能够实现的。有些人努力想走到路的尽头，却发现自己进了一条死胡同，前面立着的是一堵结实的墙。

这时候，我们不必和命运争吵，成功的路径不止一条，不要循规蹈矩，更不要冥顽不化，此路不通，不妨换条路试一试。也许我们失去了一缕月华，却能收获一片阳光；失去了一抹云彩，最后却能够换来一整片天空。

布鲁涅列斯奇在意大利佛罗伦萨举行的青铜门扉雕刻大赛上的失利，让这个世界失去了一个三流的雕刻家，却多了一个杰出的建筑师。

每个人的思维或审美总是有一个固定模式，而且不愿打破，所以，很多时候埋没天才的不是别人，恰恰是自己。

美国康奈尔大学的威克教授曾经做过一个有趣的实验：首先，他把一只瓶子平放在桌子上。瓶子的瓶口是敞开的，瓶的底部向着有光亮的一方，瓶口则对着暗处。然后，他往瓶子里放进五只蜜蜂。只见蜜蜂在瓶子内朝着有光亮的地方飞，结果当然只能是撞在瓶壁上。经过无数次的撞击之后，蜜蜂终于发现自己永远也无法从瓶底飞出来。此时的它们也已经精疲力竭，只好认命，奄奄一息地停在有光亮的瓶底处。

接着威克教授把蜜蜂倒出，仍然将瓶子按原先的样子摆好，再放进五只苍蝇。但是没过多久，它们一只不剩地全部从瓶口飞了出来。苍蝇为什么能找到出路？原来它们坚持多方尝试，飞行时或向上，或向下，或背光，或向光，一旦碰壁发现此路不通，便立即改变方向，最后终于找到瓶口飞了出来。

这个实验告诉我们，在一个不确定的险恶环境中，有时我们不能像蜜蜂一样，向着一个既定的方向执着前进，而应该效仿苍蝇在随机应变中需找生路。维克教授最后总结说：“与其坐以待毙，不如横冲直撞，因为后者的做法比前者聪明且有用得多。”

人之一生，期望与现实往往都是会发生冲突的，我们所期望的，未必能够得到；我们所得到的，也未必是期望的。然而这就是生活，生活有的时候很残酷，但是我们却必须去面对。

有句话叫作“失之东隅，收之桑榆”。人生也不会是单行道，当这条路行不通时，不妨换条路试试，这样就算你没有得到期望的果实，也一定会欣赏到美丽的花朵。与其一厢情愿地眺望遥远的海市蜃楼，不如换一个方向，也许会有更真实的目标出现在眼前。

千万别让固有思维害了你

在工作或是生活中，无论我们处于怎样恶劣的环境，遇到什么样的困难，都应该学会变通，不要被自我固有的思维所左右。如果我们能够挣脱固有思维的束缚，不断调整自己的思路，改善自己的处事方法，换个角度去想问题，那么对于我们来说，所谓的功成名就也不过是件易如反掌的事情。

多年前，美国一栋大厦因为人流量的增加，导致原装的电梯已经不能满足需要。为了安装新的电梯，工程师们建议，大厦停业整修，直到新电梯装好为止。大厦的管理层虽然不愿停业，但是为了长远打算，只好无奈地批准了这个要求。

在这一天，工人们正在装修时，一位女清洁工恰好路过，看到工人们要凿穿楼层，不由得问：“你们不会是要把每层楼都凿开吧？”旁边的一位工程师解释道：“是啊，我们要安装新的电梯，不全部凿开怎么可以呢？”女清洁工说：“那大厦岂不是要停业很久？”工程师无奈地点头道：“这也是没有办法的事情啊！”

清洁女工听了摇了摇头便走开了，工程师也回身准备忙自己的事情。没有想到，他刚一回头，就听到身后传来清洁女工的嘀咕声：“要是换了我，就把电梯装到外面去!”随口而出的一句话，引起了在场每个人的兴趣。

工程师们坐下来仔细研究，发现如果在大厦内再安装一架电梯，不仅会破坏大厦的美观，而且大厦还要停业，完全是吃力不讨好，而如果把电梯装到外面，不仅避免了大厦停业的损失，还可以起到观景的作用。于是，工程师们按照女清洁工的思路深入探讨，很快，这栋大厦的外面就出现了这种新式的“观景电梯”。

所谓的变通思维，就是要让我们突破传统的思维模式，从全新的角度去考虑问题，从变化中寻找机遇。在现实中，我们经常会发现，通过几次变换角度的思考之后，许多棘手的难题往往就会迎刃而解。

很多时候，就是受了很多固有思维的束缚，所以才让我们的意识变得僵硬，故步自封，无法取得创新突破。

花草树木在成长旺盛的时候是很有韧性，容易弯曲的，而当它僵硬、容易折断的时候，就说明它已经开始枯萎了。我们的身体机能也是一样，在青年的时候很柔韧，但是到了暮年就会变得迟钝而僵化。由此可见，万事万物，一旦变得僵化了，也就到了死亡的时候。所以，我们不能被固有的思维所束缚，因为那样会阻碍我们的智慧，让我们的生命提前“死亡”。

在一次地震中，一块巨石从山上轰然滚落，正好落在了山脚下的镇子街口。小镇上的人们看到这块巨石挡在路上，感到非常别扭，于是就合计着要把它搬走，可是这块巨石实在太重了，十几个壮汉齐心协力也抬不动。

有一天，一位智者途经此地，居民们便向他请教该怎样搬走那块恼人的大石头。智者看了看巨石，许久都没有说话。居民们一看，心想：得！智者也没辙。于是便都失望地离开了。

但是第二天一早，有人发现巨石上竟然平白无故地多了三个大字：飞来石！这三个字笔力苍劲，加上巨石的衬托，更显得气势不凡，竟然给人一种赏心悦目的感觉。渐渐地，大家不再想着搬走巨石了，这块“飞来石”俨然已经成为了街头一景，后来，竟然还引得附近城镇的游客都来参观，还因此带动了本地的经济。

遇到生活中那些看似不可思议的东西时，只要调整一下思维方式，换一个思考角度，跳出习惯的思想怪圈，就可能得到出乎寻常的答案，使不可能变成有可能。一个苹果，砸出了牛顿的万有引力；一壶烧开的水顶起的壶盖，让瓦特发明了蒸汽机。一切事情，只要我们有创新的意识和突破固有思维的勇气，往往就能取得一些令人惊喜的成果。

其实，当我们不可避免地遇到意外的阻碍时，只有你拒绝做出任何思路改变，所谓的阻碍，才会是真正的阻碍！如果我们能够跳出既有的思维模式，站在另一个角度，来审视我们遭遇到的这个“意外”，很可能它就是我们梦寐以求的惊喜！

别太死板，撞到“南墙”要回头

有人说，生活就像是一座迷宫，愚蠢的人固执持守，在迷宫中直来直往，不撞南墙不回头，甚至撞了南墙也不回头，而聪明人则善于转弯，知道退一步，转个弯，生活自然也就会别有洞天。

李丽是学中文专业的，但是她非常喜欢哲学方面的东西，于是大学毕业后，她就抱定了一个目标：考上某学校的哲学系研究生。但同时为了生活，她进了一家出版机构做编辑，每天按时上下班，剩下的时间全用来复习考研。

第一年过后，她没有考中。李丽想自己是换专业考的，比别人多花一年时间也是应该的，于是摩拳擦掌，准备来年再战，但次年又是不中。李丽想任何辉煌的成就都来自艰苦的奋斗，在最黑暗的时刻如果能再坚持一下，也许就会成功，于是她做好了第三年再考的准备。

遗憾的是，第三年她还是不中。朋友劝她说：“你怎么这么傻呢？学哲

学真的适合你吗？如果你真有这方面的头脑，早就该考上了。”一语点醒了李丽，看看自己的朋友，同样学中文的，同一年进入出版社的，已经升为编辑部主任了，而自己，由于这三年来心思不在工作上，依旧是个助理编辑。

古人云：“有志者，事竟成。”这诚然有一定的道理，但是很多事情要考虑天时、地利、人和，并非只凭我们满腔的热忱就能解决。如果我们没有考虑足够的客观因素就一味努力，到头来还是吃力不讨好。

一个人当有了既定目标时，的确应该坚持不懈，努力拼搏，最终实现它，但也不能太僵硬，不知变通。如果行不通的话，就应该及时回头，尝试走其他的道路。如果一直无所顾忌，勇往直前，一旦走错路，往往就会付出更大的代价，浪费更多的时间和精力。

很多人告诉我们人生应当努力去追逐梦想，可没人告诉我们要首先醒来。在追逐的过程中，有的人誓要把南墙撞破，可南墙是很难撞破的。有的人把自己撞得头破血流，却不知回头，最终一事无成。

“撞了南墙要回头”就是要求每一个人在关键时刻，要放弃无谓的固执，冷静地进行分析，审慎地运用智慧，做出最正确的判断，选择正确的方向并及时检视选择的角度，适时调整。只有适时回头，才能为人生创造出另一番天地。

被誉为“石油大王”的洛克菲勒年轻时曾在美国的一家石油公司担任巡查员的工作。他的工作非常简单，只要每天巡视并确认石油罐盖有没有自动焊接好就可以了。

每天面对这么一项枯燥而又简单的工作，他感到非常厌烦。他非常想换个工作，但由于学历不高，又没什么一技之长，所以根本找不到其他的工作。没办法，他只好继续耐心地工作。

有一次，他突然发现石油罐盖每旋转一次，焊接剂就会滴落39滴。他脑子里突然有了灵感：如果能将焊接剂减少两滴，不就节约成本了吗？

从那以后，洛克菲勒开始潜心钻研，企图研制出“37滴型”的焊接机，但是经过几次努力却都以失败告终。面对失败，他只能放弃“37滴型”的计划，转攻“38滴型”。最终他的研究获得了成功。这一发明，尽管只节省了一滴焊接剂，却给公司带来了每年5亿美元的利润！洛克菲勒也因此改变了命运。

很多事情，即使你尽了很大的努力，并为之坚持不懈，苦苦奋斗，但最终你会发现你走向的是一条死胡同、一面死墙，这时，就需要你能够回头，重新研究，寻找对策，寻找新的成功机会。

诺贝尔奖得主莱纳斯·波林说：“一个好的研究者知道应该发挥哪些构想，而哪些构想应该丢弃，否则，就会浪费很多时间在无谓的构想上。”正是因为洛克菲勒放弃了“37滴型”焊接机的研究，才有了“38滴型”焊接机的成功。放弃有的时候，是为了更好地得到，就像流沙，抓得越紧，它流失得越快，因此有的时候，放弃你所追求不到的，才能有所收获。

有志气地吃“回头草”

我们的老祖宗说过一句话，“好马不吃回头草”。然而，就是因为这样一句话，古往今来不知道害了多少好“马”。也不知有多少“马儿”面对寸草不生的荒野，仰天长啸，在古道西风中断肠。

一匹黑马与一匹枣红马行于草原之上，它们一边悠闲地啃着肥美的青草，一边愉快地聊着天。突然，枣红马说道：“一会儿等我们吃完了，再回头吃吧！你看刚才那儿的草比这里还要肥美呢！”

但黑马听了后却打了个响鼻，不屑地看着对方说道：“好马不吃回头草，往回走什么呀？还怕前面没有更好的草吗？”

两匹马继续往前走着，可是青草却越来越少。眼看着就要走出草原进入沙漠了，枣红马又说：“我们还是回去吧，再往前走恐怕就没草了！”

黑马此时也有些后悔，但却还是不愿意回头，它说道："我可不愿意辱没了'好马'的名声，要吃你自己回头吃吧！"

于是，枣红马回到了那片青草肥美的草地，继续着自己悠闲的生活，而黑马却因为不愿吃回头草，一直徘徊于沙漠的边缘，最后饿死了。

现实生活中的许多人都有"这山望着那山高"的恶习，总是觉得自己所拥有的，就是比不上别人。别人家的老婆更贤惠，别的单位待遇更高，于是，很多人离婚了，很多人跳槽了。然而当你换了新的伴侣，到了新的单位之后，却突然发现，原来一切都并非你想象的那样，你最爱的还是最初的那个人，最适合你的还是原来的那个单位。此时，我们会怎么办？是"好马回头"，还是一条道走到黑。

许多人的确都有着"好马不吃回头草"的症结，究其原因，很重要的一点就是"面子"在作怪。如果"好马回头"，就会觉得没有"面子"，正所谓"死要面子活受罪"。如果一个人因为面子问题，而被"好马不吃回头草"这句谬论给束缚住了，那无论是在工作中还是生活中，都难免会摔个头破血流。

其实仔细想一下，一个人一生中真正不能"回头"的事并不算多，如果前方的路太崎岖，甚至一直通向沙漠，而"回头草"却还在，那凭什么不可以回头呢？

李晓大学毕业之后，到了一家大型商场做财务。他的上司是个四十多岁的中年男子，脾气非常火爆，逮着谁就骂谁，而且还经常让员工加班加点，工作压力非常大，于是在做了一年之后，李晓决定辞职。

在一次人才交流会上，一家机械配件公司看中了李晓，愿意用3000元的月薪来聘请他任财务经理。这个薪资水平虽然比他先前的要低一点，但是他却看中了这家公司轻松的工作氛围，于是便向先前的老总递交了辞呈。

然而事情却出乎李晓的意料，到了这家公司之后，李晓才了解到，这家公司的效益很差，已经是濒临破产，有些员工甚至都已经好几个月没有领到薪水了。知道了这些后，李晓为自己轻率的跳槽深感后悔。

一个偶然的机会，他从以前的同事口中得知，在他离职之后，接替他职务的新人上岗好久了，还是适应不了工作，老总正在为此事苦恼，准备重新物色人选。同事的话使他萌生了重新回原单位吃“回头草”的想法。

他思考再三，还是决定回到原来的单位。他坦诚地向上司承认了自己当初选择离开公司是因为过于浮躁，并为此决定感到后悔，希望能再次回来工作。上司虽然因为他的上次辞职有些不满，但是也很欣赏他的工作能力，最后还是决定让他回来。

“好马不吃回头草”虽是古训，但也未必是正确的。寻寻觅觅，好的却不一定就在前面，也许就在你蓦然回首之时，却会发现那些最好的、最适合你的，其实一直都在你已经路过的灯火阑珊之处。

就如同电视剧《马文的战争》中，主人公马文与妻子因为无尽的争吵而离婚，离婚后的两人，马文找了很多女人，但没有一个比得上自己的前妻；前妻则和另外一个男人结了婚，但是婚后却发现，原来马文才是那个最好的，于是最后，两个人冲破了重重阻碍，最后又走到了一起。

有很多时候，“好马回头”并不就意味着后退，回望也并不代表停滞不前。“进一步山穷水尽，退一步海阔天空”，回头是一种人生的智慧，也是一项生存的技巧，是趋利避害，是扬长避短。“回头”面对的是自己熟悉的环境，对其中的规律也了如指掌，操作起来也会更加轻车熟路，游刃有余。

第八章

在坚持原则的前提下吃亏、退让、妥协

吃点亏没坏处，但也别什么亏都吃

“吃亏是福”是郑板桥流传下来的一句至理名言。它是一种超越时代的智慧，即便是经过数百年的时代锤炼，到了今天这样一个浮躁喧嚣的社会，也依然还有许多人将其奉为圭臬，成为自己的为人处世之道。

有一只猴子死了之后到了地府，看到阎王爷正在审判、分派小鬼们去投胎。张三去了东村投胎做人，李四去了西村投胎做人……

这只猴子已经厌烦再做猴子了，它也想做人，于是就对阎王爷恳求道：“阎王爷呀阎王爷，我已经不想再做猴子了，求求您大发慈悲，让我也投胎做人吧！”

阎王爷说：“猴子啊，不是不让你做人，人的身上没有长长的毛，你全身上下毛茸茸的，怎么到人间做人呢？”

猴子说：“把我身上的毛拔光不就可以了吗？”

阎王爷最后还是拗不过猴子，只好答应为他拔毛。可是才刚掉了一根，猴子就痛得吱吱叫，一溜烟就逃走了。

阎王爷叹了口气说道：“连一毛也舍不得拔，怎有资格做人？”

每个人都有趋利避害的本性，吃点亏，让别人得利，就能最大限度地调动别人的积极性，使我们的事业兴旺发达。越是不肯吃亏的人，越有可能吃亏，不但吃亏，而且往往还会多吃亏，吃大亏。唯有不计较吃亏的人，才会真正有福。

曾经有一个成功的企业家，在讲述自己的成功心得的时候说：“我没有多少文化，也没有什么背景，就是我肯吃亏。在每次与合作者分利的时

候，我都只拿小头，把大头让给对方。”

正因为这样，凡是与他合作过一次的人，都愿意与他继续合作，而且还会给他介绍一些朋友，再扩大到朋友的朋友，都成了他的客户。人人都说他好，因为他只拿小头，但所有人的小头集中起来，就成了大头，所以他才能成为真正的赢家。

从某种意义上说，乐于吃亏是一种境界，是一种自律和大度，是一种人格上的升华。在物质利益上宽宏大量，在人际交往中尊重他人，抬举他人，如此这般，以吃亏为荣为乐，必然能够赢得人们的尊重和抬举。

当然这也不能一概而论，如果吃亏是触犯了原则的，那不管你再有多少理由，终究不会站稳脚步。如果一个人连自己的原则都失去了，那他还能用什么来衡量一件事的对与错。

梅溪是一家副食品生产公司的财务人员。近来一段时间，公司的经济效益不好，员工的奖金都大幅度地缩水，公司账面上出现了很大的亏损。

有一天，公司的财务主管告诉梅溪，希望他将公司的财务重新整理一下，把账面弄得好看一些。梅溪知道这话里的意思，就是让他做假账。他从公司里的一个资格很老的同事那里得知，公司最近想要争取一笔银行的贷款。他明白让他做假账就是为了应付银行的审查。但是，这种事情一旦出现纰漏，自己肯定是要担责任的，主管把事情推给他，显然也是不想担这个责任。

虽然说吃亏是福，但这可是违背原则和法律的事情，要是答应的话，出了事情，显然是要出来顶包的，但要是拒绝，肯定会被主管记恨，以后很难在公司立足。梅溪一时间不知道该如何是好。

我们常说，吃亏是福，但前提是在不违背原则的情况下，少说多做是一种福，但如果违背了原则一定不能做，因为性质变了。吃亏必须要以坚持原则为底线，在大是大非面前，我们依然应该勇于维护自己的权益。

就比如说在旧社会，生活在底层的老百姓面对强大恶势力的欺凌，无力抗争，无处讲理，只能将满腔的愤怒咽进肚子里去，难道这个时候，我们要用“吃亏是福”来说服自己吗？当然不能。

社会是个万花筒，当中包罗万象，纷乱繁杂，其中有光鲜亮丽，也有丑态恶行。这就是我们的生活。我们既然生活在这个社会中，就免不了要面对这些杂七杂八的事情。这时如果对任何事情，不加分辨区别，只是一味地坚持“吃亏就是福”的古训，就显得有些迂腐了。

亏吃在明处，便宜占在暗处

人们总说：“吃小亏占大便宜。”在与人交往的过程中，让自己吃点小亏是一个很好的交际方式。当然，吃亏也是需要技巧的。会吃亏的人，亏吃在明处，便宜占在暗处，让你被占了便宜还感激不尽，而不会吃亏的人，往往把亏吃在暗处，结果就只能吃“哑巴亏”了。

凯恩是一家服装贸易公司的销售代表。有一次，他接到了一个客户的订单预约。该客户是加州一家大型商场的采购部负责人。为了做成这笔订单，凯恩向对方给出了一个比较低廉的报价，但是客户对于这个价格却依然不满意。

在双方多次洽谈无果之后，为了能够留住这个客户，凯恩决定牺牲自己的提成，以满足客户的降价要求。他心想：如果客户看到价格降下来，一定会明白是自己个人让利，一定会感激自己的。

然而，客户却想错了，他觉得凯恩既然能降价，那就一定是还有利润空间。他不知道凯恩为此牺牲了自己的利益，还以为他一开始死死咬住那个价格不放，是为了欺骗自己不懂行市，以牟取暴利，因此心里就开始觉得凯恩是个狡猾的人，同时也对自己的砍价能力沾沾自喜，于是便想再把价格往下压压。结果，这一笔交易还是没有做成。

在为人处世中，有的人为了息事宁人，往往把亏吃在暗处，结果吃了也是白吃，别人不知道或者不领情。所以亏要吃在明处，至少要让对方意识到，你这个亏是为他吃的，你吃亏是为了帮助他。这样一来，你就成了施惠者，而对方则变成了受惠者，看上去是你吃了亏，对方受了益，然而，对方却欠下了你一个人情，让你在友谊的天平上，加上了一个筹码，这是比金钱、比财富更值得珍视的东西。

西汉时，陈嚣与纪伯是邻居。有一天夜晚，纪伯偷偷地将两家院落之间的篱笆向陈家移了一点，以便让自己的院子更宽敞一点，结果却被陈嚣看到了。等纪伯走后，陈嚣将篱笆又往自己这边移了一丈，使纪伯的院子更宽敞了。纪伯发现后，很是愧疚，不但还了侵占陈家的地方，还将篱笆往自己这边移了一丈。

陈嚣的主动吃亏，让纪伯感到相当内疚，这就欠下了陈嚣的一个人情，而且陈嚣的吃亏行为也是非常智慧的，若是只退了一点，纪伯也许就发现不了，那他的亏就是白吃了，他直接就退了一丈，这样就是明摆着告诉纪伯：我是在为了你吃亏。

明明白白地吃亏，就是要让对方知道你是主动地吃亏，认同你的吃亏，感谢你的吃亏，这样别人才会从内心深处对你充满感激。

有一次，成龙到加拿大拍戏，结果在拍戏过程中，不慎将左脚崴伤。助手连忙将他送到附近的一家医院治疗，到了医院后，却发现有很多病人在排队挂号。助手拿出电话，想找人帮忙，却被成龙阻止了。

排了很久的队之后，终于轮到了成龙，可这时却有一名男子突然插队到了他的前面。助手和其他看病的人都很生气。该男子很快挂完号，对周围的怒气视而不见，扬长而去。

成龙挂完号后，就在助手的搀扶下到了医生办公室外，正巧刚才插队的男子竟然也在旁边。这时候，只听见里面的医生喊道："下一位！"助手要搀扶着成龙进去，但成龙却转身对插队的男子说：“你先请！”周围的人都觉得非常惊讶，那个男子也有点不好意思了，站在那儿，有点手足无措。

这时候，一位中年男子快步走了过来，对成龙说：“我是这家医院的院长约翰逊，您就是成龙吧？”原来是医生在挂号单上看到了成龙的名字，然后立马就通知了院长，因为成龙不仅仅是一位影星，同时还是这家医院的捐建者。

一位护士将刚才的情况小声地告诉了约翰逊。他听了很是惊讶，于是就问成龙：“我不明白，对于有人不遵守规矩，您为何不但不阻止，反而还主动吃亏呢？”

成龙笑着说：“是的，我是吃亏了，但我第一次吃的是暗亏，而这次吃的是明亏。我想这位先生第一次觉得不欠我什么，但这次应该会觉得欠我了吧！”

“吃小亏占大便宜”本身就是一种利益交换。没有人喜欢白白吃亏与白白受损，之所以吃亏，是希望用它来换取“大便宜”。所以，用眼前利益的损失去换取长远的利益，这才是吃亏的真正含义，若不然，就是“哑巴吃黄连”，光吃哑巴亏了。

老实不能任人欺

人与人之间的交往其实就像是把一堆球，放在一个篮子里进行相互碰撞磨合。球质不能太硬，太硬了就会伤人伤己，但也不能太软，否则就会被别人压扁，丧失基本的生存空间。老实人就属于那种皮质太软的人，与人交往只是一味地退缩、隐忍，总是觉得要以“和”为贵，以“忍”为上，结果往往守不住自己的底线。

美国曾经报道过这样一则新闻：一个议员去一家餐馆进餐，结果遇到了匪徒抢劫。匪徒拿着刀子对着餐厅的老板，抢走了柜台里的数千美元。

劫匪离开之后，这位议员就建议老板立刻报警，结果老板却苦笑着说："报警是没有用的，警察至少要等半个小时才能过来，那时候匪徒早已经不知道逃到哪里去了。"

但这位议员却不信，按照美国警察一般的出警速度，案发三五分钟即可赶到现场。为了证实老板的话是否可信，议员按响了报警号码。

不想果然如老板所言，等了半个小时才来了两个警察，若无其事地做了一个笔录就离开了。议员非常气愤，大骂警察混账渎职，还扬言要去投诉他们，但老板却只是在一旁唉声叹气。

这时旁边的一位顾客拉了一下他说："其实这件事也不能全怪警察，要是在别的街区发生抢劫案，他们还是能在三五分钟之内赶到现场的。"

议员听了这话非常不解，就问为什么。这位顾客解释道："在以前的时候，这个街区的商铺遭到抢劫，警察也都是在三五分钟内就赶到现场，而且当场就把劫匪给抓住。可受害人害怕报复，居然不敢站出来指证劫匪，警察只好把抓到手的匪徒当场放掉。这样的事情发生了几次之后，警察们对于来自这条街区的报警就没有热忱了，久而久之就成了今天这副现状。"

老实人一般胆小怕事，安分守己，对人对事谨小慎微，从不会随便得罪别人，即使别人得罪了自己，也不敢声张，做什么事都瞻前顾后，畏首畏尾，有正当的利益不敢维护，只知道一味地躲避退让，使自己始终处于被动挨打的地位，更助长了不良用心者得寸进尺、肆无忌惮的嚣张气焰。而老实人本人呢，既在利益上受损又在心情上受折磨，可谓是饱受身心的双重磨难。

现在若是我们说一个人不老实，那无异于骂人是个大坏蛋了。"不老实"这个词可以说是个完完全全的贬义词，几乎可以和"奸猾狡诈"等同起来。而与之相反的"老实"一词，在当今社会却也很少有褒义的意思。

俗话说，老实人吃亏，老实人无用。说一个人太老实，那也就等于是在骂他是个大笨蛋，因为事都是你忙的，可最后好处全都是人家的。正如莎士比亚所说：“老实人就是傻瓜，虽然一片好心，结果还是自己吃了亏。”

这年头，没有人想当“坏蛋”，同样也没有人会想要当“笨蛋”的，所以我们在为人处世的过程之中，既不能不老实，也不能太过老实。

有人说，公司就是个小社会，每个职场人士都要处理好人际关系，学会如何在这个小社会里过得舒服。可是，我们身边常常会有这样的人，他们脾气好，为人和善，很乐于帮助别人，但也正因为脾气好，非但没有得到同事们的爱戴，反而成了大家的出气筒。

李晓是公司后勤部门的员工，她的相貌不出众，能力也不突出，但是脾气很好。她的工作不算很重要，但是很繁杂，而她每天总是一个人默默清扫完办公室之后，才离开公司。同事之间，平常有什么杂事也都是让她去跑腿。然而，她在公司的人缘却并不好，同事每天使唤她做这做那，对她不但没有丝毫的感激，反而把这当成了天经地义的事情。

有一次，一个同事让她帮忙做一个计划表，结果引用的数据出现了一点小错误。她原本只是帮忙的，结果却招来了同事的一顿训斥，而其他同事都冷眼旁观，有些甚至还在一旁冷嘲热讽，煽风点火。这让她心里非常难受。

古话说：“人善被人欺，马善被人骑。”这句话在职场中可谓被发挥得淋漓尽致。都说职场如战场，在这个战场上，一个人如果太老实，那换来的不但不是别人的善意，反而会让他们得寸进尺。你退一步，他进两步；你退一尺，他进一丈。所以，老实人要学会保护自己，不能任人欺凌，不能任人践踏自己的自尊，更不能让人利用自己的善良，在适当的时候应该学会反击，以维护自己的利益。

适当的时候应学会反击

古话说："小不忍则乱大谋。"一个人要想成就一番大事业，必须要学会暂时隐忍，但这绝对不是叫你总是忍。人活着是要有骨气的，一味地忍让、吃亏未必是好事，因为首先失去了做人应有的个性。

在现实生活中，有些人就惯于得寸进尺，我们若是一再忍让，他们不但不会心存感激，反而会步步紧逼，死死咬住我们不放。对于这种人，一味忍让反而会助长其嚣张气焰，还不如挺身而出，奋力反抗效果更好。该出手时就出手，给对方点厉害也是不得已而为之。

1955年，在阿拉巴马州的蒙哥马利市，一位名为帕克斯的黑人妇女因为拒绝给一位白人男子让座而被捕，由此在美国引发了声势浩大的黑人民权运动。

在当时的美国，有些地区甚至还在法律上做出黑人要给白人让座的规定，而且公交车的前半部为白人座，黑人只能坐在后半部。黑人必须在前门交钱，然后从后门上车。有时候，有的司机不等黑人上车就会把车开走。

帕克斯的被捕引发了黑人大规模的非暴力抵制运动，她的支持者还联合起来拒绝乘坐公交车长达381天，以此来争取平等的公民权利。最终，美国最高法院裁定该州的种族隔离制度违背宪法，争得了权利和尊严的黑人这才开始重新乘坐公交车。

我们可以试想一下，如果当年帕克斯和站在她身后的众多美国黑人面对这种不公正的制度只是一味忍让的话，说不定至今黑人还要为白人让座。

忍让必须有个度，如果有人无意中冒犯了你，为了体现你的大度，当然应该忍让。但如果他是有心为之，而且伤害你很深，甚至对你的尊严构成威胁，你当然不能再忍。对什么样的人，什么样的行为可以忍让，对什么样的人和行为，我们不可以忍让，这点我们应该要分清楚。

张迪是一家公司市场部的员工。几天前，公司发生人事变动，张迪的上司被调走了，公司又给市场部空降了一位新的主管。

正所谓“一朝天子一朝臣”，张迪是前任经理招进来的人，自然就非常不受新主管的待见。新主管刚上任还没有几天，就调张迪去做没人愿做的苦活，这下可把张迪折磨得够呛。他实在不能忍受，就想辞职走人，但又转念一想，自己找到这份工作着实不易，如果现在卷铺盖走人，自己心中舍不得不说，也正中了现任上司的下怀。

于是他就咬了咬牙，准备坚持下来，但是他也知道自己不能再忍受了，如果再忍下去，对方恐怕只会认为自己软弱可欺，那自己就没有办法在这家公司立足了。

有一次，新主管把自己的一份文件弄丢了，但结果却不知怎么在张迪办公室的抽屉里找到了，于是现任经理借机开始训斥他。

然而，这次张迪没有再忍，而是对着主管拍起了桌子。他对着主管大声地说：“在事情的真相没有弄清楚之前，你没有权利指责任何人，我也根本就没有拿你文件的时间和动机。还有，你有什么权力翻我的抽屉？你有什么正当理由开除我？别有事没事找我麻烦！凭什么大家都是一样的工作时间，你要百般刁难我，给我的工作量比其他同事多出好几倍？”

主管被他当面顶撞，自然是怒不可遏，但是张迪说得句句在理，他也不知道该怎么反驳，只得灰溜溜地走了。从此，他对张迪的态度开始有了收敛。

在工作或是生活中，我们要学会“温良”，但是不能“温顺”，我们不去主动伤害别人，但若是遇到了伤害，就要学会反击。

“忍一时风平浪静，退一步海阔天空”，这是一种虚怀若谷的雍容大

度，是一种丰满圆润的美德。但同时我们也要知道，所谓的忍一时，最终的目的是为了争一世，而退一步也是为了将来能够有机会进十步、百步。忍让不能无目的，无条件地忍让意味着人格的丧失和自尊的抛弃，意味着软弱可欺，也意味着将自己一步步逼上绝路。

可以退让，但是要守住底线

底线是我们为人处世基本的准绳，也是一个人安身立命、维护自己尊严的根本。一个人一旦守不住自己的底线，就会让自己的思想和行为变质，这样不仅会损害到自己，可能还会损害他人。

人一辈子要面对太多的考验，也许是诱惑，也许是磨难。人非圣贤，一言一行不可能毫无差池，然而，人的高尚和可贵之处，就在于要坚守自己做人的底线。守不住底线，只会让自己不攻自破，只有坚持自己的底线，才能坚持自我。

在美国西部一个偏远的小镇上，有一座破落的教堂。教堂里的牧师一直都想募集一笔善款来修缮教堂，但是由于这个小镇也不太富裕，所以牧师一直都在为钱发愁。

这一天，一个走私犯由于警察的追捕，而躲进了这个教堂。走私犯的身上带着所有的走私财物，要是被警察发现，就血本无归了，于是他灵机一动，想到了一个办法。他请求牧师答应他将走私货物藏在教堂的阁楼里。那位虔诚的牧师当然立即拒绝了走私犯的要求，并要此人马上离开。

走私犯哀求道："只要你把我和我的货物藏起来，我就给你10万，你看怎么样？"但牧师坚定地说："不！"走私犯道："20万呢？"牧师依旧拒绝。但走私犯仍旧不死心，说道："50万，50万怎么样？"牧师仍不为所动。走私犯见此，把心一横，忍痛说道："好了！我给你100万，100万怎么样？够您重新盖一座华丽的教堂了！”

此时，牧师终于开口了。他冷冷一笑，说道：“省省吧，你就算是把全部的财物都给我，我也不会帮助你的，因为金钱永远都不足以打破我的底线。”说完，他就把走私犯用力地推到了门外。

守住底线也许不会让我们立刻变得富有起来，但却会让我们活得更有尊严。而在漫长的人生道路中，尊严永远是最好的财富。当你学会坚守底线不妥协时，才能让别人在你的底线之前止步。

2004年的时候，有三个年轻人去日本打工，每天工作14个小时。他们可以忍受这份工作的艰辛和对家乡亲人的思念，可以忍受病痛的折磨和心灵的孤独，但是当面对日本工头对于自己民族侮辱的时候，他们站了出来，坚定地说出了“不”字，并且拒绝了公司的加薪和挽留，毅然回国。

我们常说“忍一时风平浪静，退一步海阔天空”。诚然，忍让有时候可以化解一起纠纷，获得一份善意，赢得人际关系的和谐，但是没有底线的退让很容易给人以软弱可欺的印象，会使自己陷入更加被动的局面。

有人说：“没有底线的人，就是砧板上的黄瓜——欠拍。”做人如果没有底线，就会缺少原则，没有立场，久而久之，任何人都会看不起我们，甚至欺压我们。一个人如果想要在生活中得到别人的尊重，活得坚定一些，挺直一些，那么我们就要给自己的退让设个底线。

刘媛是一家公司行政部的新员工，她为人热心，而且又是新人，为了给同事们留下好印象，平时同事们求她帮忙，她都是来者不拒。时间长了，大家觉得她好说话，所以逐渐地也不拿她当回事了，很多事情都找她来做。

有一次，刘媛和同事一起出去办事，回公司的时候，同事因为有事耽搁，于是就让她先回去，同时将手里的材料交给了她，让她帮忙带回去。刘媛回到公司后，就将材料放到了同事的办公桌上，没想到，等到同事回来的时候，竟然发现材料找不着了。

同事非常生气，就抱怨道："你怎么做事这么不负责任，好好的东西交给你，都能弄没了？"刘媛也不知道怎么会这样，也无从解释，只是把昨天回来后的情形回想了一遍，但还是没有收获。后来，这位同事在自己的垃圾桶里找到了材料，原来她因为忙乱，把资料当成了废弃的文件扔掉了。同事知道自己错怪了刘媛，所以在后来的工作中，就经常帮助她。

随着业务的熟练，刘媛开始独立负责公司的采办工作。有一回，她采办了一批办公用品，一位同事就说："这么点儿东西就花公司这么多钱啊？"言外之意是说刘媛捞了公司的钱。这可是涉及人品问题，刘媛自然就不会再退让了，于是，她就将采买的发票拿了出来，摆到这个同事面前说："这是买这些物品的发票，你们看看有什么出入没有？"同事被这么一问，顿时觉得非常尴尬，以后也不敢再轻视她了。

在职场上，不能太过较真和强硬，因为一些小事与同事发生冲突要尽量忍让，这样才能将大事化小。但是，凡事也不能一味忍让，我们的心中要有一个底线，在自己的底线之内，我们就忍让，但超过了这个底线，我们就不能再退让了。职场并不是一个完美的世界，在职场中，充斥着各种矛盾和利益冲突，如果把握不好忍让的限度，就会沦为"职场受气包"。

俗话说："忍无可忍，就无须再忍。"当我们的底线受到侵犯的时候，我们就不能再忍了。息事宁人并不能从根本上解决问题，有时候，过度的忍让只会助长别人"咄咄逼人"的气焰。我们在宽容、忍让的同时，也要保护自己的尊严，守住自己的底线。

有人说生活就是一个妥协的过程，但是在底线面前是不应该有回旋的余地的。就好比说两个人做生意，卖家要高卖，买家要低买，双方的心理都有一个底线，要是在双方的底线之内讨价还价，那生意就做得成，要是突破了一方的底线，那生意注定是要黄了的，因为这个被突破底线的人折本了。有人折本的买卖终究是长久不了的，只有在双方都"让步"，也都有"收获"的情况下，才是"双赢"，才能长久下去。

人生当进退自如

公元前47年，恺撒大帝在小亚细亚吉拉城大获全胜。欣喜的恺撒给罗马友人报捷时只用了三个拉丁语单词，翻译过来的意思就是：我来了！我看见了！我征服了！这是何等的豪迈。其实，我们每个人在刚刚踏上人生旅程的时候，都希望能像恺撒一样，决胜千里，所向披靡，然而，现实生活中，这却是很难做到的。李白就是因为不能“摧眉折腰事权贵”，所以才一生仕途坎坷。

徐莹是个个性跳脱的女孩，常常被父母、朋友称为“疯丫头”，但是面试那天，这个疯丫头收敛了很多，穿着一身特别正式的职业装，还把一头酒红色的头发又染回了黑色，穿着打扮俨然就是一位淑女。

面试的时候，面试官提了很多关于公司业务的问题，徐莹都有所准备，对答如流。没想到面试进行到一半的时候，面试官突然说，虽然公司招的是文员，但是也要经常面对客户，对妆容有些要求，所以就问她会不会化妆。徐莹表面毕恭毕敬地听着，心里却乐开了花，化妆可是她的强项。面试官一说完，她就打开手提包，里面眼影、唇彩等化妆品琳琅满目。这些东西她可都是随身携带的。

面试官先是愣了一下，当即严厉地评判起徐莹的化妆品太多、太艳，失去了职业女性的风采，言语很是不客气。徐莹觉得面试官有些和自己过不去，便立即拍案而起：“你说话太欺负人了，这也不行那也不行就拉倒吧，难道我没有这份工作就没法活吗？”面试官被气得暴跳如雷，当即就让徐莹出去了。

其实，面试官之所以严肃地批评徐莹，正是因为他已经决定录取徐

莹，已经将她当成手底下的员工了。没想到徐莹一时气愤，使这份工作泡汤了。

无论在什么时候，我们都应该有一个豁达的胸怀，学会忍让的智慧，这样才能在工作与生活中如鱼得水，游刃有余。刘邦正是因为鸿门宴中的“忍”，才将万里的江山，归为囊中之物。如果他执迷不悟地去和项羽硬拼，恐怕历史就要改写了。

现实生活中，有人为了一元钱，持刀抢劫；有人为了几十元维修费，追打他人；有人为了解一时之气，有理反而变得没理。生活中的许多小事其实根本不值一提，只要大家都心平气和，忍一时，退一步，理智地去应对，就能得到很好的解决，但是偏偏有些人为图一时痛快而不计后果，结果酿成了无法弥补的过失。

当然我们说“只进不退，智者不为；只退不进，懦夫所为”。忍让是一种美德，这诚然没错，但如果无论何时都一味地退让，那就不是忍耐，而是不折不扣的怯懦了。面对别人的无理要求时，我们应该勇敢地维护自己的权利。

人活着是要有精神和志气的。有人说：“生命就是一个奋斗前进的过程。”退一步的确可以省去许多的麻烦和纷争，但若是会让我们失去尊严的话，那就得不偿失了。要知道，我们之所以暂时地“退”，只是为了在不久的将来可以更好地“进”。若是失去了这个前提，那“退”就会变得没有意义了。

晏子使楚的典故很多人都听说过。春秋时期，齐相晏婴出使楚国，楚王知道晏婴身材矮小，于是为了侮辱他，就在城门旁边开了个小门让他进。虽然说，晏婴出使楚国是为了两国和睦，但此时他若是退让，就会让齐国的国体受辱，于是他便反击道：“只有出使狗国的人才从狗洞中进去。现在我出使的是楚国，不应该是从此门进去吧？”一句话说得楚国君臣好不尴尬。

楚王没有侮辱到晏婴，非常不甘心，于是就在酒宴之上，再次挑衅。他让人绑了个齐国的偷窃犯到酒宴之上，然后问晏婴：“你们齐国人本来就善于偷东西的吗？”晏婴回答道：“我听说过这样一件事：橘生长在淮河以南就是橘子，生长在淮河以北就变成枳，只是叶子的形状相似，它们的果实味道却完全不同。这样的原因是什么呢？是水土条件不相同。现在的老百姓生活在齐国不偷东西，进入楚国就偷东西，莫非是楚国的水土使百姓善于偷东西吗？”

楚王听了哭笑不得，说道：“圣人果真是不能开玩笑的，我想要嘲笑你，结果反而自取其辱了。”于是再也不敢轻视晏婴，还与齐国缔结了邦交。

有人说：“进是人生成功的上上策，退则是赢家出手的最高招。”掌握主动，伺机而动是现代人获得成功的秘诀，而“退一步海阔天空”同样也是走向成功不可或缺的因素。

人生不可能只进不退，或者只退不进，进与退就像大自然中始终存在着的两种力量，是为了寻求一种人生的平衡。进与退是一体两面的，从表面上来看，进与退好像是相反的，但其实却是相辅相成的。

无论是在何时何地，面对什么样的事物，人都必须思考一个问题：我们应该采取什么样的态度去面对，是进，还是退？是忍让，还是坚守？进和退虽然只是一字之差，却是差之毫厘而失之千里。

进退之机并不是这么容易决断的，然而，一个人一旦掌握了进退之间的玄机，那么无论命运中有多少磨难，人生中有多少坎坷，都能够如老练的航海者一样，即使是在狂风肆虐的惊涛骇浪中，也照样可以乘风破浪，即使面对暗流涌动、礁石错综，也终究可以游刃有余地抵达成功的彼岸。

第九章

职场中那些你真正该较真的事儿

较真长远发展而不是眼前薪水

在这个世界上有两种人，一种人在工作中只关注“钱途”，计较薪水的多少；另一种人在工作中更关注“前途”，他们更加重视的是长远的发展。然而，这两种人的命运最后往往带有戏剧性，只关注“钱途”的人，最后反而是丢失了前途；而关注“前途”的人，反倒是收获了“钱途”。

现在有很多人就只是为了薪水而工作，把赚取更多薪水当作工作唯一的目标。然而一个人一旦抱有了这种想法，那么他的眼光就会越来越局限，从而限制了他从工作中获取知识和经验，也自然就不会有所进步，最终将一事无成。

杨聪毕业于一所重点大学的市场营销专业，成为一名成功的市场营销人员是他的理想。在毕业后，他顺利地进入了当地一家知名销售公司工作。

一开始的时候，公司将他安排到了一个成功的销售经理手底下做助理。助理的工作比较繁杂，而且是不能独自谈单的，拿不到提成，只有基本工资，收入自然就高不了，为此杨聪的心中有些失落。

有一次他参加同学聚会，结果发现很多同学的薪水都要比他高，还有些去了外企单位，或是大公司上班的，现在每个月的工资奖金加起来甚至是他的好几倍。这么一比，他的自尊心严重受挫。

到后来，每当有别人问起他的薪水待遇的时候，他都尽量岔开话题，避而不谈，工作也越来越提不起精神，总是想着：“就这点薪水，还能指望什么呢？做成这样不错了！”心里有了这种想法后，他做事就开始敷衍了事，到最后，就连上司也看不惯他了。

面对一份工作时，我们的眼光要放得更加长远一点，注重自己的发展前途和未来的事业，因为我们可以从现在的工作中学到知识、经验、能力和技巧，这些都是奠定我们未来事业的坚实基础。

因此，作为一个职场达人，我们应该知道，一份工作也许不能支付给你丰厚的薪水，待遇达不到你的期望值，但你可以在工作中使这微薄的薪水增值，那就是增长阅历，获取经验，提高自己的工作能力，而这些显然都不是能用金钱来衡量的，也不是简单地用金钱就能买得到的。

德国著名的政治家、外交家，被誉为“铁血宰相”的俾斯麦起初在德国驻俄外交部工作时，薪水也很低，当时的他完全可以在本国找一份薪水更高的工作，但是他没有这样做。也正是因为这份工作，让他学到了很多外交技巧，锻炼了自身的决策能力，这些对他后来的政治活动影响很大，为他促进德意志统一，成为一位叱咤风云的政治领袖打下了坚实的基础。

诚然，赚取薪水当然是工作的目的之一，但并不是工作的全部意义所在，若能以一种积极的心态、长远的眼光看待工作，那么你所收获的就远远不止那点薪水了。

在美国，曾经有一位教授推荐了两名十分优秀的毕业生到自己朋友的公司，这两个学生分别前去应聘。

第一位前去应聘的学生名叫罗尔。面试结束几天后，他就打电话向教授说：“您的朋友太苛刻了，他居然只肯给月薪600美元，我才不去为他工作呢！现在，我已经在另一家公司上班了，月薪800美元。”

另一位名叫肖恩的学生在面试之后则决定留下。当他将这个决定告诉教授时，教授问他：“如此低的薪水，你不觉得太吃亏了吗？”

肖恩说：“赚到更多的钱自然是我所期望的，但我认为您的朋友是个非常厉害的人物，只要从他那里多学到一些本领，薪水低一些也是值得的。从长远的眼光来看，我在那里工作将会更有前途。”

两年之后，罗尔在另一家公司的薪水依旧是两年前的800美元，而肖恩则由两年前的600美元涨到了2000美元，而且还获得了公司的股份。

曾经有人说过，刚进入职场的前几年是职业生涯的探索期，这个时候最重要的是通过对现实环境和条件的了解，寻找适合自己的职业定位，然后，再通过工作平台，努力地汲取经验和知识，时刻调整规划方案以实现发展最大化的需求。

其实，每一项工作中都包含了许多个人成长的机会。我们在踏入职场的时候，不应该过分考虑薪水的高低，而应该注意工作本身能够给我们带来什么收获，如增加自己的社会经验，提高自己的工作能力，提升个人的人格魅力，等等。

薪水的多与少，永远不是我们工作的终极目标。我们应该看重的是工作中可以获得的更多知识和经验，以及更好的职业发展机会，这才是一份工作的最大价值所在。

较真职业规划而不是工作体面

孔子说：“三思而后行！”意思就是说，我们要深思熟虑，规划好了再去全力实行。由此可见，规划好自己的职业生涯对于我们的人生是何等重要。人生如果没有一个长久而有前景的奋斗方向，就会错失很多让我们更好成长并获得更多人生财富的机会。

现在许多人在择业时，总是盲目地追求体面，而完全不顾及自己的特长、爱好和兴趣，结果到了最后，体面的工作是有了，但是却发现自己对于这份工作完全适应不了，更谈不上什么兴趣和热爱了。

选择一个适合自己的职业是非常重要的，因为只有适合自己的工作，我们才能更好地发挥出自己的能力；只有适合自己的工作，我们才能对它产生发自内心的喜爱，这样才能激发出自己的热情，取得更好的成就。

张伟毕业于一所重点师范大学。研究生毕业后，他原本可以留校做一名讲师，或是按照家里的安排到本地的一所重点中学教学，但是他却放弃

了。因为老师这个职业虽然收入稳定，工作也体面，但他却不是非常感兴趣，也和他对未来的设想和期望相差太大。

张伟觉得自己应该趁着年轻的时候多历练历练，于是就选择了创业。他先是在一家公司做超市业务员，半年后，他觉得自己有了些经验，便从超市辞了职，到外面摆起了地摊卖儿童玩具。

朋友们对此都非常不理解，好好的工作不做，反而去摆地摊，父母更是天天抓住机会就数落他，也有许多人笑话他。但是面对别人的冷嘲热讽，张伟却始终不为所动，而是专心做着自己的事业。

一次偶然的机会，他从一个朋友那里盘来了一家店面，于是他借钱开起了自己的第一家玩具店。开店的过程非常辛苦，每天起早贪黑，但是张伟却始终甘之如饴。渐渐地，玩具店的生意好了起来。七年后，张伟的玩具店由一家开成了十四家，他也成为了本地最有名的玩具大王。

个人的兴趣能力以及想法价值观不同，选择不同的工作对于每个人来说，也是“如人饮水，冷暖自知”。

其实一个工作无所谓体面不体面，正如老话说的：“三百六十行，行行出状元。”只有适合自己的工作，你才能成为这个行业的“状元”。适合自己的工作，你上手就会很快，也会在这份工作中找到乐趣。工作中的乐趣是一件无比重要的事情，你在工作中找到了乐趣，哪怕再苦再累你也不会觉得累。

美国的成功学大师安东尼·罗宾斯曾经提出过一个成功的万能公式：成功=明确目标+详细计划+马上行动+检查修正+坚持到底。因此，要想获得成功，我们首先要做的，就是选择一个最适合我们发展的行业和工作，然后确定我们的目标，对自己的整个职业生涯进行初步规划，最后付诸行动。

张霞从一所大学的酒店管理专业毕业之后，就进入了一家四星级酒店工作。她原本的意向是成为一名大客户经理，但是酒店却安排她做大堂接待的工作，每天都要连续站好几小时接待客人。

这个工作一干就是几个月，对此她有些不满，心里总想着眼前这份工作已经忍受了那么久，也该有个改变了吧！果然，不久后她接到通知，被调到客房服务部去工作。这样一来，她再也忍不住了，心说：“我好歹也是大学毕业的，做接待也就算了，竟然还让我做服务员，那和那些没有文凭招进来的人有什么区别。客房服务？还能再给我安排个更低端的工作吗？”

达成职业目标需要一个长期的积累过程，酒店的高层管理者大多也都是从基层一步一步晋升上来的。张霞想成为大客户经理，自然需要经过基层工作的磨炼。从大堂接待，再到客房服务，其实更有机会了解客户的需求，了解酒店的各项业务，然而，张霞却较真工作是否体面，而忘了从职业规划上来考虑问题。

现在职场上人心浮躁，许多人总是好高骛远，为了找到一个体面的工作就频繁跳槽，然而在职业发展初期，我们更应该关注的是长远的发展。我们评价一个工作的价值应该是以是否符合自己的长远发展为标准，而不是“体面”与否。

较真实际工作内容而不是职位头衔

《纽约时报》上曾经刊载过一篇文章，说美国的一家公司因为经营问题，将原本有八十多名“副主管”级别的中层管理者裁到了十人。为了让留下来的人心里好受些，公司将原来的“副主管”头衔在职务和薪水不变的前提下，替换成了“主管”。后来一位获得头衔的人在被问及新头衔是否给自己带来什么变化的时候，这位新主管坦承道：“丝毫没有。”

职位头衔有的时候，也只是几个文字而已，没有任何的意义，但是却有很多人，为它争得头破血流。他们从来都不会冷静下来想一想，这个所谓的头衔到底能给自己带来什么？既不能带来更高的薪水，也不能带来更大的权力，更不能带来别人的尊敬或者任何有价值的收获，能带给我们的

只有一种自我陶醉的虚荣。

有一位跨国科技公司的部门总监看上了一个很有前景的项目，于是想从自己的团队中挑选一名成员来主持这个项目。他认为这个人一定要十分的优秀，而且还必须拥有出类拔萃的领导能力。

经过一番深思熟虑，他选中了一个名为艾森的下属。艾森是个能力很强的下属，在过去完成的几个项目中，他都有非常出色的表现。于是他把艾森叫到了自己的办公室，就这个项目进行一次深入的交谈。

总监先解释了项目的内容和希望艾森承担的任务，然后邀请他来主持这个项目。没有想到艾森听了却问他："如果我接手这个项目，想必你会任命我为主管吧！"总监听了不由得一愣，心中暗想道：他是一个渴望作出贡献的人，还是一个计较个人得失的人？做事时他会首先考虑公司的最大利益，还是只顾自己？

犹豫片刻后，总监解释说："并不会有任何的头衔。"因为这个问题，总监觉得或许艾森并不是主持这个项目的合适人选，于是便收回了提议，开始重新考虑人选问题。

几天后，总监又看中了一个名为莱德的人。有了上次和艾森商谈的经验，总监跟他接触时有点儿担心。告诉莱德自己关于项目的事情后，他又补充说："我要跟你讲清楚，如果你接受挑战，并且顺利完成任务，我也未必就会任命你为主管。"

莱德毫不犹豫地答道："没关系，头衔并不能使我成为领导者。"

一家大型跨国公司的首席执行官曾经说过："你永远不会单纯因为自己的头衔而被人尊重，也从来都不能光凭一个头衔就能让自己获得成功。"然而，在现实生活中，许多人却都对这些虚幻的头衔盲目地追逐。

在职场上这种现象更是普遍，许多招聘单位就是利用求职者的这种心理，给一个普通的职位冠以各种冠冕堂皇的头衔，从而诱导求职者上钩。招聘启事上明明写着应聘的是"经理"、"主管"，经过了层层面试后，才发现工作内容和普通的业务员没有区别。

国内某求职网站曾经有一项调查显示，在其网站上发布的两百多万个招聘职位，其中有四分之一的职位名称中包含“经理”二字。该网站的一位负责人说：“现在这个社会，不是所有带有‘经理’二字的职衔都与高级领导层职位有关。”

肖华是一家贸易公司的销售，在该公司做了两年多了，业绩一直都不错，本想过了年底，差不多就能够升职到主管了，没想到的是，莫名其妙地从上面空降下来一位来管理团队。肖华感到很失落，而且与新主管相处的也不是很愉快，便选择了辞职。

在找新工作时，他总是以“销售主管”或是“经理”为目标，几年之后，终于有一家公司聘请他担任“大客户经理”一职。肖华觉得很兴奋，心想着终于有人赏识自己的能力了，这次一定要大干一番，所以事先也没了解清楚该工作的具体内容和公司背景，结果一去新公司，就发现自己上当了。原来这个公司的所有销售都是“经理”，所谓的“大客户经理”也只是一般的销售员而已。

现在的就业市场里充斥着各种虚假头衔，头衔的高低并不能说明什么问题，工作实质内容才应该是你较真的地方。如果我们不想被这些虚假的职位头衔所迷惑，那就要抓住面试的机会，多了解目标岗位的实际工作内容。若是被“岗位包装”蒙住了双眼，那只怕很难可以找到一份合意的工作了。

较真团队法则而不是个人对错

毕业于美国西点军校的艾森豪威尔将军曾经说过：“当需要你发表意见的时候，你应该坦然地说出来，尽量陈述你的理由，而一旦上司下了决

定之后，你就要坚决服从，努力去执行，这时候需要的是激情和行动，而不是冷静和聪明。因为，军队是一个上下贯通的命令系统，任何一个环节出现停顿和迟疑，都可能酿成无法想象的后果。”

这句话不仅适用于战场，在职场上也是一样的。在团队工作中，我们可以尽量地提出我们的意见，但是一旦作出决定，我们就要保留自己的想法，跟随着团队的步伐行动。团队就像是一部精密的仪器，每一个团队成员都是其中的一个零部件，零件虽小，一旦缺失，就可能影响整部仪器的运行。

所以，我们若想很好地融入一个团队，就要遵从团队法则，在关键的时候，和整个团队保持步调上的统一，将自己的意志融入团队的意志。只有这样，我们才能算是团队的一员，而不被团队所排斥。

李慧原先是一家广告公司的员工。她的工作能力很强，做事干脆利落。但有一个问题是，她总是坚持自己的方式来做事，很难与团队融洽合作。所幸这家公司的规模不是很大，所以没有什么大的单子，合作的机会也不多。

后来，因为家庭的原因，她来到了另外一个城市，加入了一家大型的公司。虽然换了个环境，但她依旧是我行我素，不顾团队已有的办事流程，中间出了很多岔子，同事和领导指出她的问题，她却还是固执己见。

几个月过去了，她给整个团队带来了很大的问题，但是她自己的问题却依旧没有解决，最后公司不得不将她辞退。

作为一个团队，肯定需要一个一致的步调才能做好每一件事，然而，团结却不是那么容易做到的，因为团队中的每个个体都有自己的想法，这些想法在相互磨合的时候，难免就会产生矛盾和冲突。

那怎样才能协调这其中的矛盾呢？首先自然是需要我们有一颗包容的心来接纳不同的想法，从其他人的角度去看问题。而当这点我们做不到的时候，就需要另外一种更简单的方法了，那就是服从。一个团队，如果员工不能无条件地服从安排，那么在达成共同目标时，则可能产生障碍；反之，则能发挥出超强的执行能力，使团队胜人一筹。

一个团队就像是一辆由很多匹马拉着的马车，团队中的每一个人，就像是其中的一匹马，只有所有的马都往一个方向跑，这辆马车才能跑得快。只有团队成员的步调一致了，整个团队才会有执行力，而这个执行比战略更重要。

曾经有一家国有企业破产，被外资收购。结果收购之后，外方却什么都没有变，制度没变，人没变，机器设备没变，外方只提了一个要求：把以前制定的制度坚定不移地执行下去。让人没有想到的是，一年后，这家企业居然扭亏为盈了。这便是一个团队步调一致而产生的执行力的效果。

服从就像是黏合剂，一个团队如果没有服从这个黏合剂，情况将是不可想象的。所以，一个高效的企业必须建立在良好的服从机制上，一个优秀的员工也必须有极强的服从意识，它也是日后取得非凡工作成就的必备条件。

现在许多职场新人都不重视团队合作这个问题，时常在他们毫无意识、毫无察觉的状态下，为一时之气和上司、同事争执对错，而忘了从公司、团队的角度来整体考虑事情，“服从”对于他们来说简直是天方夜谭。

事实上，我们每个人在进入一个团队时，最要紧的是及时了解团队既有的工作流程和模式，多观察同事待人处世的作风，争取尽早融入其中，而绝不是让自己个性鲜明突出，成为大家不接受的“异类”。

较真能力强弱而不是学历高低

学历与能力到底是一种什么关系，这个很难界定。许多人拥有很高的学历，但是工作能力却极其一般；而某些能力很强的人，学历却不见得很高。学历与能力的确存在一些对应的关系，但绝对不是那种“水涨船高”式的绝对对应。诚然，一个人的学历可以说明你曾经受到过良好的教育，

但是在工作中能力才是最重要的，注重的是经验和技巧。只有勤奋和智慧才是根本。

陈寅恪先生早年曾赴日本、欧洲、美国等国家留学长达十三年，但是却没有拿下过一个学位，因为他从来都是学完了自己想要学习的知识之后便离开，从来都不注重所谓的学历。

后来，梁启超向时任清华校长的曹云祥先生推荐陈寅恪。曹校长觉得，陈寅恪一来没有发表过什么有影响力的著作，二来也没有高学历，怎么能信任呢？梁启超听了这话非常生气，他说："为什么没有学历，没有著作，就不能做教授？我梁启超虽然是写了那么多的东西，但是我的著作加到一起，也没有陈先生三百字有价值。"

陈寅恪最终不乎梁启超所望，成为了清华百年历史上的四大哲人之一，也成为了中国现代最负盛名的历史学家、古典文学研究家、语言学家。

把学历作为衡量人才的主要标准甚至唯一标准，显然有失偏颇。评价与使用人才，应该综合考察其品德、知识、能力和业绩等情况，而不能以偏概全，唯学历是举。

学历高的人，能力一定会卓尔不群吗？无数的事实证明，这是一种错误的思想。

比尔·盖茨是世界首富，但是他连大学都没有毕业，按照学历算，他只能算是个高中生，但是现在不知道有多少硕士、博士靠他发薪水。高尔基没有读过大学，然而他写出了《童年》《在人间》《我的大学》等许多不朽的著作，成为社会主义、现实主义文学的奠基人。而有着"巧克力之父"之誉的弗斯·贝里更是几乎连学校也没进过，但是他靠着自己的勤奋和智慧，创造了世界上最大的巧克力梦工厂。

公司招聘和提拔员工时看中的主要素质是什么？曾经有人做过一个调查显示：42%的企业认为是"卓越的工作能力"；31%的企业认为是"丰富的工作经验"；16%的企业认为是"知名公司背景"；9%的企业认为是

“优秀的人格魅力”；而认为是“高学历”的只占了1%。

社会中存在太多的“学历至上”的错误观念，一个人的能力必须要披上高学历的外衣才能被社会认可。但是，学校颁发的学历与社会所需求的能力并不一致，一个人想要有所发展，最终依靠的还是自己的能力。

张宁自某大学的市场营销专业毕业之后，就去了一家小公司做市场推广工作。随着时间的推移，他渐渐感觉到小公司的平台太小，没有太好的发展机遇，于是便想要跳槽到一家大一点的公司。

辞职之后，他去了几家大公司面试，然而却始终没有被录用。屡屡碰壁的他，心中暗暗觉得之所以面试失败可能是因为自己的学历太低，于是便去自修本科的课程。没有想到的是，等他拿到本科以后，工作状况还是没有多大的改善。他非常的不甘心，觉得还是学历绊住了自己发展的脚步，于是又萌生了考研的念头。

现在的职场上，不少人发展一遇到阻碍，便将问题归结到自己的学历上面，觉得这一切都是学历造成的，于是许多人便重新回到学校再次攻读，还有些人则是在读与不读间纠结。他们从来都没有更深入、更全面地去分析问题的本质，这也造成了现实中“学历高却就业难”的社会问题。

诚然，读书充电这不能算是坏事，但是即便是再努力地读书，增加的也只是我们的理论知识，然而在日趋复杂的现代职场，光有理论知识是远远不够的，我们更需要的是实际的经验与能力。除了这些，在人际沟通、时间管理、社交礼仪等方面也应有所学习，而这些都是课本上学不到的。

我们的时间毕竟不是无限的，过度到大学里“回炉深造”只会占用我们用来在工作中积累经验、提升自己的时间。在有限的时间和精力下，有目的、有计划、有针对性的学习，保证工作与学习之间的平衡才能真正促进我们的职业发展。

第十章

较真和认真不是一回事

别做“差不多先生”

现在有一句流行的话叫作：60分万岁！许多人认为工作做得差不多就行了，60分就及格了，何必做到100分呢？于是，在这种错误观念的引导下，这些人对于工作敷衍了事，只做到差不多、说得过去、上司挑不出毛病来就行了。殊不知，这种“差不多”的思想导致的最后结果往往是“差很多”。

胡适笔下曾有这样一个人物，他称之为“差不多先生”。这位先生有个口头禅：“凡事只要差不多就好了，何必太精明呢？”

他小的时候，妈妈叫他去买红糖，他却买了白糖回来。妈妈骂他，他摇摇头道：“红糖和白糖不是差不多吗？”他在学堂的时候，先生问他：“直隶省的西边是哪一个省？”他说是陕西。先生说：“错了，是山西，不是陕西。”他说：“陕西同山西不是差不多吗？”

后来他在一个钱铺里做伙计。他也会写，也会算，只是总不精细，“十”字常常写成“千”字，“千”字常常写成“十”字。掌柜的生气了，常常骂他，他只是笑嘻嘻地说：“‘千’字比‘十’字只多一小撇，不是差不多吗？”

有一天，他忽然得了一种急病，叫家人赶快去请东街的汪大夫。家人急急忙忙地跑去，一时寻不着东街的汪大夫，就把西街的牛医王大夫请来了。“差不多先生”知道寻错了人，但是他心想：“王大夫同汪大夫也差不多，让他试试看吧!”于是这位牛医王大夫走到床前，用医牛的法子给“差不多先生”治病。不一会儿，“差不多先生”就一命呜呼了。

在现实生活中，我们见过了太多因为“差不多”而造成的不幸后果：建设用料“差不多”，导致豆腐渣工程层出不穷，留下了一片片残破的瓦砾与噩梦一般的回忆；医生用药“差不多”，导致病人留下了难以治愈的伤病，同时也抹杀了医生的道德和社会责任感。

我们身边的“差不多先生”可谓是无处不在：检验产品有瑕疵，差不多就行了；管理人员检查与考核不认真，差不多就行了；财务账目不明确，成本核算不清楚，差不多就行了。每件事都马马虎虎，不肯仔细认真地对待，凡事只求差不多，结果到最后，产品丢了质量，企业失去了市场，公司得不到利润，最后只能破产。“差不多先生”呢？自然也就丢掉了工作，真可谓是既害人又害己。

一个由许多人组成的企业是经不起连续的“差不多”的，由上到下布置一项任务，只要每个人稍稍“差一点”，那结果就会“差很多”，甚至可能让我们之前所做的努力完全化为乌有。很多工作就是因为“差不多”而前功尽弃的。

李明是一名刚刚大学毕业、步入社会的年轻人。他对自己的专业能力抱有很大的自信，认为自己的工作能力很强，所以在工作的时候漫不经心。对于工作，他从没想过要全力以赴，在他看来，工作做得差不多就行了。

有一次，老板让他为一家知名企业做一个广告策划。虽然这项工作是李明进公司后接到的最有分量的工作，但是他并没有因此而认真对待。几天后，李明把做好的策划案交给了老板。老板只轻轻扫了一眼就搁下了。他问李明：“这是你能做出来的最好的策划案吗？”李明虽然有些心虚，但他还是理直气壮地回答道：“我觉得这样就差不多了。”老板说：“我要的不是‘差不多’的策划案，你拿回去重做。”

李明只能把策划案拿了回去。这一次，他没有漫不经心，付出了多一点的努力，但是也仅是比上回好一点，并没有全力以赴。他再一次把策划案交给了老板。老板看过后又把策划案还给了他，说道：“这就是你能做出来的最好的策划案？”鉴于上一次的经验，李明没有说“差不多”，但是老板仿佛察觉到了他的意图，于是又说道：“不要觉得‘差不多’就行了，你再做一份吧!”

就这样，一份策划案反反复复地做，直到第六次的时候，老板才满意。他跟李明说：“你如果在第一次做策划时就拿出了最后的这种劲头，也不至于返这么多次工啊!要记住，工作是没有‘差不多’的，‘差不多’的工作不是合格的工作，只有全力以赴做到最好、更好，才能做出最佳的工作成绩！”

应付了事，是许多人常犯的毛病。他们做一天和尚撞一天钟，对于上司布置下来的工作，从不认真去做，而是敷衍搪塞，做得差不多就算交差，这样自然是不可能把事情做好的。我们无论做什么事情，都应精益求精。只有这样，才能提高工作效率和工作质量，才能获得晋升和加薪的机会。

《论语》有云：“取乎其上，得乎其中；取乎其中，得乎其下；取乎其下，则无所得矣。”说的就是我们做事情一定要抱着“做到最好”的目的。如果总是怀着“差不多”的心态，工作马马虎虎，不注重细节，长此以往，对自己的要求就会越来越低，工作的质量自然也就会越来越差了。

1%的失误等于100%的失败

英国有一支民谣：丢失了一枚钉子，坏了一只蹄铁；坏了一只蹄铁，折了一匹战马；折了一匹战马，伤了一位骑士；伤了一位骑士，输了一场战斗；输了一场战斗，亡了一个帝国。说的是15世纪英格兰国王查理三世，因为马蹄上丢失了一枚钉子，而在战斗中落马被俘，最后导致亡国。

一枚钉子，这是何其微不足道，但是最终它却导致了一个王朝灭亡。有句老话说得好，千里之堤，溃于蚁穴。一个微末细节，往往决定了一件事情的成败。

某地一家食品贸易公司出口的冻虾仁遭到欧洲一家经销商的退货，并且要求索赔，原因是欧洲当地的检验部门从进口的1000吨冻虾仁中查出了0.2克的氯霉素。

贸易公司的负责人百思不得其解，不知道这个氯霉素到底是怎么来的，开始在制作材料上排查，但是却丝毫没有发现线索。

最后，经过多方查验之后，谜底终于揭开，错误出在加工的环节上。原来，剥虾仁要靠手工，一些员工因为手痒难耐，使用含氯霉素的消毒水止痒，结果将氯霉素带入了冻虾仁。

其实，这些氯霉素的含量只占被检货物总量的五十亿分之一，并不会对人体造成什么不良影响。但是只要是错误，不管多么细微，不论是百分之一、千分之一的错误，还是万分之一、亿分之一的错误，都可能造成意想不到的巨大损失或灾难，都可能导致百分之百的失败。

水温升到99℃，并不是开水，虽然它一样很烫，却没有什么价值，但若是再添一把火，让它烧开，那就会产生可以用来推动机器的水蒸汽了。许多人都只是做到了99%，就差1%，但就是这一点的区别，他们的人生就会有非常大的不同。

杜邦公司的高层决策和经营人员中流传着一个质量公式：1%＝100%。这个看起来永远不能成立的计算公式，却包含着杜邦公司对待产品质量的严谨作风。

在杜邦的质量等级上，一等品被列为不良品。他们认为，如果100个产品中就算99个是优良，但只要有一个出差错，那么，消费者就会认为所有的产品都有问题。为此，杜邦公司不断提高产品质量以实现目标。20世纪80年代后，杜邦公司提出了实现质量“零差错”的目标，要求以消灭不良品为原则，使所有产品100%达到优良等级。

工作中的大事都是由小事组成的，我们在关注大的目标的时候，也不能忽略那些看起来微小的东西。要知道，事物源于细节，细节决定成败。

做任何工作，最重要的就是要关注细节，把握细节，才能确保获得成功。

一架飞机由400多万个零部件组成，美国的宇宙飞船“阿波罗”号，则是由两万多个协作单位生产完成，在这由数百万的零部件所组成的机器中，每一个部件哪怕是出万分之一的差错，那后果都是不堪设想。

2003年2月1日，美国“哥伦比亚”号航天飞机在得克萨斯州北部上空解体坠毁，飞机上的7名宇航员全部遇难。

在后来的事故调查中发现，造成这一灾难的“凶手”竟是一块燃料箱外脱落的泡沫。“哥伦比亚”号航天飞机表面覆盖着两万余块隔热瓦，能抵御3000℃的高温，以防止航天飞机在穿越大气层时被外壳与空气摩擦产生的高温所熔化。

2003年1月16日，“哥伦比亚”号航天飞机升空80秒后，一块从燃料箱上脱落的碎片击中了飞机左翼前部的隔热系统，正是这一微小的细节漏洞，最终导致了这场灾难。

在我们的生活中，有时候就只是一些细节和小事做得不完全到位，但常常却会产生重大影响，甚至于因此而前功尽弃。美国石油大王约翰·戴维森·洛克菲勒说过：“1%的错误会带来100%的失败。100减1不等于99，而是等于零，细节是决定成败的关键。”

生命中的许多小事都蕴含着不容忽视的道理，那种认为小事可以被忽略、被置之不理的想法，正是我们做事不能取得理想效果的根源。它不仅使工作不完美，也使生活不快乐。因此，要想把事情做到最好，我们心目中就必须要有一个很高的标准，不轻视任何细节和错误。

机会留给关注细节的人

费尔斯通公司创始人哈维·费尔斯通曾经说过："成功是细节之子。"真正的成功向来都是在一个个细节成功的基础上累积起来的。无论在何种场合，细节的重要性都是不言而喻的。不要觉得那些不起眼的细节根本就算不了什么，要知道你忽视细节，成功也必将忽视你。

19世纪20年代，在加州北部的一个小镇上，有个名叫豪斯的裁缝店学徒。他学成出师之后，来到了附近的一个大城市里开了一家自己的裁缝店。由于他做活认真，价格便宜，很快就声名远播，许多人慕名而来找他做衣服。

有一次，家财万贯的哈伦太太来到店里，让豪斯为她定制一套晚礼服。然而等豪斯做完的时候，却发现礼服的袖子比哈伦太太要求的长了半寸，但哈伦太太马上就要来取这套礼服了，豪斯已经来不及修改衣服了。

哈伦太太试过晚礼服之后，不住地称赞豪斯的手艺，于是按说好的价格付钱给豪斯，没想到豪斯竟坚决拒绝。哈伦太太非常纳闷，豪斯解释说："太太，我不能收您的钱，因为我把袖子做长了半寸，为此我很抱歉，如果您能再给我一点时间，我非常愿意把它改到您需要的尺寸。"

听了豪斯的话后，哈伦太太一再表示她对晚礼服很满意，不介意那半寸。但不管哈伦太太怎么说，豪斯始终也不肯收她的钱，最后哈伦太太只好让步。在去参加晚会的路上，哈伦太太对同行的一位贵妇说："豪斯以后一定会成功的，因为他连一点小瑕疵都不愿放过。"

果然不出她所料，多年之后，豪斯果然成为了一位闻名世界的服装设计大师。

注重细节的人，不仅认真对待工作，将小事做细，而且注重在做事的细节中找到机会，从而使自己走上成功之路。

新中国物理学界的泰斗王淦昌早年留学德国时，曾经设计了一个实验方案，志在发现中子。然而，当他将这个实验方案给他的导师梅特纳看了之后，却被否决了。梅特纳因为忽视了一个微小的细节，而否认了这个方案的可行性。但是在两年后，英国物理学家詹姆斯·查德威克却用类似的实验成功地发现了中子，还因此获得了1935年的诺贝尔物理学奖。

其实，在我们的生活中，无论大事小事，有时候成功与失败的距离其实并不遥远。一个小小的细节也许就是决定你成败的关键，比如说我们在某个细节上给你的上司留下了不好的印象，那么我们的升迁和发展就会因此而受到限制；抑或是我们在商贸会谈上稍不留神，就可能让你的客户对你心生不满，从而让公司遭受损失。

一天早上，叶航准备去参加一个招聘会，结果在出门前不小心打翻了桌子上的水杯，将放在桌上的简历浸湿了。为尽快赶到会场，他只将简历简单地晾了一下，便和其他东西一起，匆匆塞进背包。

在招聘现场，叶航看中了一家广告公司的策划主管岗位。在与招聘人员简单交流了几句之后，对方便向他要了简历。叶航受宠若惊地掏出简历时才发现，简历上不光有一大片水渍，而且放在包里一揉，再加上钥匙等东西的划痕，已经不成样子了。他努力将它弄平整，递了过去。看着这份伤痕累累的简历，招聘人员的眉头皱了皱，还是收下了。

几天后，这家公司通知叶航前去面试。面试的过程非常顺利，无论是谈及对公司业务的推广，还是对自己职业的规划，他都对答如流，面试他的主管也对他非常满意。当他结束面试离开时，一位负责的小姐还说他是今天面试者中最出色的一个。

然而，面试过去一周后，叶航依然没有得到回复。他急了，忍不住打电话向那位小姐询问情况。小姐沉默了一会，告诉他：“其实招聘负责人对你是很满意的，但你败在了简历上。老总在最终审核的时候，看到了你

的简历。他说，一个连简历都保管不好的人，是管理不好一个部门的。”

古今中外，多少名人提出细节决定成败，一个不经意的细节，往往就能够反映出一个人深层次的修养。细节的处理方式体现了你的生活态度和工作态度。我们留给别人的印象，带给别人的感动，常常也是存在于这些日常生活的一个个细节中。

把简单的招式练到极致就是绝招

很多武侠小说中都有这样一个类似的情节，一位高手用一套简单粗浅的入门武学，就将一个自以为身怀绝技的自命不凡者打败。这是什么原因呢？究其根本，就是这位高手已经将这套粗浅的武学练到了极致，已然成为了绝招。同样是一套罗汉拳，由小沙弥和少林方丈打出来，威力自然是不同的，这是因为方丈在这套拳法上浸淫已久。我们的人生也是一样，许多事情其实并不复杂，但是能否将这种简单的事情做到极致，就是我们成功的关键了。

古龙的小说中有一个悲情人物叫傅红雪。他一生下来就有癫痫的毛病，而且还是个跛子，习武的天资也不高。但是他却是个有将简单事情做到极致的毅力的人，自他能握紧刀柄的时候起就一直在练功，而且只练一个动作，那就是拔刀，每天反复练习数万次。

就这样他一直坚持了二十年，直到那柄刀渐渐成了他手臂的衍生，甚至出刀的速度还在他的思想之上。当思想到达的时候，刀已经赫然在那个位置。他成了一个绝世高手，没有人能够正面打赢他，因为没有人比他出刀更快。

拔刀只是一个简单的招式，但是练到极致之后，就变成了举世无双的绝招。现在许多人大多不愿做简单的事，认为那些事情过于简单，既浪费了自己宝贵的时间，又不能给自己带来成功的喜悦。

有人说成功与失败之间最大的区别就在于成功是很多小事、细节的积累，是将所有有利于目标实现的小事、细节都做到位，并使之变成一种习惯；而失败往往源于好高骛远，目光只盯着大目标，而对眼前的小事、细节却不屑一顾。

其实，一个人一旦把极其简单的事情做到了极致，那么他就因此实现了自我大超越。这种超越，自然就会引领他走向成功。每一个人做事的道理都是简单的、朴素的，只有不断重复、坚持，才能打造灿烂的人生。

18世纪的荷兰国王非常痴迷于郁金香。他的花圃中种植着各式各样的郁金香花，每当有客人来访，国王总是炫耀般地让客人参观他的花圃。

一次，一位外国的使节来到了荷兰。办完公事之后，国王就将使节带到了他的花圃，向他炫耀自己的郁金香。没有想到的是，这位使节看完后，没有丝毫赞赏，反而挑刺道：“我早就听说陛下喜爱郁金香，只是可惜啊，您的花圃中竟然没有黑色的郁金香！”

国王心道：“这个世界上哪有黑色的郁金香啊！”他明知道对方是在挑刺，但是却不愿示弱，于是便下令全国征集纯黑的郁金香，并下诏说如果谁能培育出纯黑色的郁金香，赏赐一万枚金币。一时间，应征者趋之若鹜，为了培育出黑色的郁金香，多少科学家绞尽脑汁，可想尽了办法也未能如愿。久而久之，这件事情也就被人淡忘了。

二十年后的一天，突然有一位老人来到王宫，他声称自己已经培育出了黑色的郁金香。这一下，全国都轰动了，当已经年迈的国王从老人那里接过那如同墨汁般漆黑的郁金香花时，禁不住问道：“无数人都办不到的事，你是如何办到的？”老人说：“我用的方法很简单，花开时节精心挑选出颜色最深的花，任其枯萎后把种子收集起来。就这样春种秋收，循环往复，一直做了二十年而已。”

做任何事情，不要看到复杂就感到困难，然后就产生畏难情绪不愿做，这样什么事情都会做不成，同时也不能认为事情简单就不认真，一切伟大的事情往往就孕育在简单之中。

在现实的工作生活中，即使是最平凡的岗位，最简单的事情，只要将它做好，做到极致，就能收获不平凡的成绩。所谓出色，就是在平凡中做到不平凡的坚持。因此，在工作中面对每一件事情，我们都应该抱着良好的积极心态去做，即使是一件看似简单的小事，也应该努力去将它做到极致。只要我们善于把简单的事情做到极致，成功永远都会在你的面前向你微笑。

每件小事都要做到尽善尽美

美国民权运动领袖马丁·路德·金曾说："即便是一个清洁工，他也应该像米开朗基罗作画、贝多芬作曲或者莎士比亚写诗那样来清扫街道。他应该做得尽善尽美，以至于所有的人都会停下来赞叹：这里有一位杰出的清洁工，他把工作做得这么完美！"

一个对工作认真的人，必定会想办法将自己的工作做到最好。这样的人都有一种敢于进取、不怕困难的品质。把事情做得尽善尽美，是一种认真负责的优秀品格。

弗雷德是美国一位平凡的邮差，他虽然出身平凡，却拒绝平庸。他对待自己的工作一丝不苟，不做到尽善尽美绝不罢休。

他会向自己的每个客户做自我介绍，并请客户也介绍自己，为的是当客户出差不在家的时候，他可以把客户的信件暂时代为保管，打包放好，等客户回家的时候再送过来。

弗雷德的行事准则就是无论有多么慌乱，他都不会因此而敷衍了事。他从不投机取巧，追求绝对准确。几年来，他从未耽误或误投过任何一个邮件。

他这种认真做事的态度，影响了两亿美国人。在美国，无论是全球顶尖的大公司，还是一些正在成长的中小公司，许多管理者和职员都已经将之奉为榜样。许多企业甚至还设立了“弗雷德奖”，专门鼓励那些在服务、创新和尽责上具有敬业精神的员工。

任何工作都值得我们努力去做，别轻视你做的每一件事。哪怕是一件微不足道的小事，你也要竭尽全力、尽善尽美地做好。皮尔·卡丹曾经对他的员工说：“如果你能真正地钉好一枚钮扣，这比你缝出一件粗制的衣服更有价值。”

人生总是充满了意外，你永远不知道下一秒钟将会发生什么。工作中没有一件事是卑微的、不重要的，眼下极不起眼的一小步，也许就是通往巅峰的起点。就是最细小的事，也应全力以赴、尽责尽力地去完成。

麦当劳的创始人雷·科洛克有一次在参观位于法国的一家加盟店时，看到顾客的餐桌上落着一只苍蝇。结果在两周后，这家餐厅就失去了加盟权。做好一件小事，其实是成就大事的开始。能否拥有全力以赴、精益求精的理念，意味着一个人能否有长足的发展。

江霞是一家公司后勤部的员工。在她们公司，每隔一段时间，就会进行一次会餐。有一次，因为一个同事请假，所以老总便随意指定江霞来负责这次订餐。这是老总头回指定任务，虽然只是聚餐的小事，但是江霞认为还是应该认真对待。

以前聚餐都是随便打个电话预约一下就行了，但是江霞居然利用业余时间对公司附近的一些大饭店进行了考察，最后选了一家味道好、价格又比较便宜的饭店作为公司的定点饭店。因为公司的员工来自五湖四海，她还根据大家的籍贯和口味的不同，点了不同的菜系，大家都非常满意。老总是云南人，所以江霞还特意让饭店准备了几个云南的特色小吃。这顿饭让老总吃得非常高兴。他觉得江霞做事认真，于是就把她调到了行政部。

又有一次，老总在公司走廊碰到她，便让她代表公司参加一个行业内

部的交流会。以往参加这次会议都是例行公事，走个过场，但这次江霞决定认真准备。她查阅了行业内的很多资料，准备了一些建议。这些建议都是精心准备的，很有实用价值。在会议上，江霞代表公司发言，她提出的很多建议都被这次会议所采纳。

老总很欣赏江霞这种把“小事情”当“大事”来做的精神，于是，就开始将一些重要的事情交给她去办理。江霞也不负所望，认真负责地把老总交给自己的每项工作都干得非常完美。一年后，她被老总提拔为行政部的经理。

有许多人往往不肯把事情做得尽善尽美，只用“足够了”“差不多了”来搪塞了事，或者认为“这只是小事”，不想在上面太耗费精力，结果因为他们没有把根基打牢，所以不需多时，他们的职业发展便像一所不稳定的房屋一样倒塌了。

只有把每件小事情都做得尽善尽美，别人才能放心地将大事交给你来做。我们在职场中，若是想要有一个好的发展，就必须认真对待公司分派给自己的每项工作，以认真负责的态度把这些工作做得尽善尽美。认真负责的人才能担当更多的重任，才能为自己铺平职场之路。

一步一个脚印地向上攀登，便不会轻易跌落。只有对自己要求严格，才能不断地进步，自己的生命才能发光增彩！

细微之处做到专业

“于细微之处见精神”，这是现在比较流行的一句话。对一个人而言，“细微之处”尽管只是一举手、一投足，但是从这举手投足之间，却可以尽显一个人的道德修养。“细微之处”不仅是一个人道德修养的折射点，而且也是一个人道德养成的立足点，虽然微小而细致，但在人的成长中却至关重要。

在日常工作中，能把每一件简单的事做好就是不简单，把每一件平凡的事做好就是不平凡，把每一个细枝末节都做到专业那就是完美。一个工作要把它做得近乎完美，就得注意它的每一个细微之处。它决定着是否能把事情做好，进而取得成功。

孟昆玉只是北京交警大队的一名普通交警。他既没上过战场也没有轰轰烈烈的壮举，但是从警八年来却获得了一次一等功、一次二等功、三次三等功，使平凡的岗位绽放出耀眼的光芒。这一切都是因为他特别在乎工作中的每一个细节，把一些看似很小的事放在了心上，认真琢磨。

有一次，他听说有人突发心脏病，死在路上，他就想，如果随身带点速效救心丸等药品，不就可以及时救治突然发病的人了。他自己掏钱买了药，随身携带。就是这么一个小细节，结果救了五个人。

就是这么一个细微之处，让我们直观地感受到职业素养的魅力，诠释了怎么样将细微之处做到专业。在我们身边也不乏许多这样的人，他们对待工作一丝不苟，力争将每一个细小之处都做到极致。

“细微之处”虽属细枝末节之事，但却不可小瞧，更不可忽视。正所谓“千里之堤，溃于蚁穴”。一个细微的缺失，就可能导致满盘皆输的局面，所以，无论做什么事，都要把每一个细微之处做好，做到极致，做到专业，只有这样才是成功的保障。

有一个知名设计师说过：“对待生活我是个散漫邋遢的人，但对待设计我绝对可以算是一个完美主义者。我认为设计里的每一个细节都应做到专业，比如我的设计作品中如果需要用到篆刻，我一定会亲自刻一枚。每一个会影响到作品质量的细枝末节我都不会放过。”

诺贝尔表是瑞士著名的钟表品牌。诺贝尔表一贯奉行“外观精美、工艺卓越、水准超群、一丝不苟”的原则，一直致力于制造最优质的手表产品。

诺贝尔表的品质体现在每个细微之处。每一款诺贝尔腕表从创意、设计、加工到成表，都有一套严格的品质管理标准。特别在生产的各个阶段，每种材质和零件都必须通过专业仪器和专业技师的严格检测，以达到最高水平的质量要求。

西朗·诺贝尔曾说："我不会让一只有瑕疵的手表流出我的工厂。"

据说有一次，有一批已经制造完成的腕表，在经历最后一道质检工序的时候，突然查出了腕表表带上的扣环存在0.1毫米的偏差。结果西朗·诺贝尔当即下令，让这一整批即将出厂的手表全部返工。

正是因为这种在细微之处也一丝不苟的严格精神，铸就了诺贝尔表的优良品质，使它成为了世界上最知名的手表品牌之一。

有人说："把细节做到专业就是完美。"在工作中，我们应当注重抓细节，做好每一个细节。只有对我们的工作一丝不苟，才能确保无疏漏，真正做到细微处见卓著，从而使自己的工作越干越出色，公司的效益也就越来越好。

卡伦是欧洲一家非常知名的连锁酒店的负责人，他在介绍自己经营心得的时候说："酒店的工作不是高科技的工作，这使许多人不屑一顾，认为接待好客人就行了，但其中的'好'的标准要做到是很不容易的。我们普通人大多日子都是在做一些小事，假如每个人能把自己所在岗位的每一件小事做好，做到位，就已经很不简单了。"

在他们酒店有一项规定，每到一个节日的时候，他们就会为半年内在酒店住宿过的顾客邮寄一张贺卡，以感谢他们对酒店的支持。就是这么一个小细节，为酒店招揽了许多的回头客，大家都喜欢住在这么一家有人情味的酒店中。

"细微之处见端倪"，看不到细节，或是不把细微之处当回事的人，对工作缺乏认真的态度，对事情只能是敷衍了事。而考虑到细节、注重细节的人，不仅能认真对待工作，将小事做好，做细，还注重在做事的细节中找到机会，从而使自己走上成功之路。

请假迟到不是小事

每个单位都有自己的一套可行的考勤制度，遵守单位的考勤制度则是每个员工最起码的职业道德。然而，有许多人却对此不以为然，认为考勤并不算太重要，上班早一分钟晚一分钟，多上一天班或少上一天班，这都不是什么大不了的事情。

然而，事实却并非如此，请假、迟到这种不遵守公司考勤的行为，本身就是对公司制度的一种漠视。没有哪一个老板会喜欢这么漠视公司制度的员工，而且有时候还会因此耽误重要工作，从而给公司带来重大的损失。

就拿请假来说，现今在大部分企业中，一般分工都很细致，职责分明，正所谓“一个萝卜一个坑”，每个人都有自己要负责的工作。不管请假的原因是什么，由于你的缺岗，企业就要付出额外的精力来调整人员的工作安排。这有可能导致企业在工作上的被动，从而带来一些不必要的损失。这样总是给公司带来麻烦的员工，自然就不可能讨得老板的喜欢。

周林在一家大型的造纸厂工作，这几天厂里正准备搞一个庆典活动，所以公司上上下下都忙得不可开交。就在这个时候，周林却意外地感冒了，于是他向自己的上司请假。上司皱了皱眉头说，这段时间太忙，实在是离不开人，问他能不能克服一下，能坚持就坚持，实在不行，再去看病。但是周林坚持要请假休息，上司无奈之下只好批准他的病假，并抽调别人临时替代他的工作。

下午，上司陪同一位客户去本地的一个旅游景点游玩，却意外看到了周林和女朋友也在那里。两个人有说有笑，周林的气色也不错，看不出丝

毫病态，于是上司就很生气。原本他对周林的印象还不错，这一回却完全逆转了，心中顿时给他下了个“不负责任”的评价。

作为企业的员工，最好不要在企业最忙、最关键的时候无故请假，即使有的时候，有些私人原因，也最好不要请假，否则就是给人留下不好的印象：“这人竟然在这么重要的日子里请假，真是太不负责任了！”一旦一个员工给老板留下这样的印象，那么即便他不被辞退，在这个企业的发展也到头了。

迟到和请假一样，它反映的是一个人是否遵守纪律，是否有纪律观念。千万别认为稍稍迟到几分钟没有什么大惊小怪的，如果经常迟到，不仅上司、同事会对你白眼相看，而且还会给人留下自由散漫、工作没有责任心、不喜欢融入集体的坏印象。

许多刚参加工作的新人由于在生活中自由惯了，一走到工作岗位上的时候，不习惯按照公司的规定来约束自己，从而对公司内部的规定漠然视之。尽管工作起来干劲十足，但是由于上班经常迟到，以至于让自己在老板面前的形象尽毁。

千万不要把迟到看成是一件小事，日积月累之下，它会给你酿成大错，让你悔之不及。作为一个聪明而尽职的下属，你至少比你的上司提前几分钟到达办公室，这样既可以给自己留有充分的时间为投入工作做好各项工作准备，也可以给你的同事或老板留下一个勤勤恳恳、兢兢业业的好印象，使自己拥有更多的成功机会。

凯瑟琳在一家公司担任总监助理，每天的工作就是坐在办工桌前，等待总监即时交代任务。总监是一个时间观念极强的人，经常提早来到办公室。但每次他到办公室，都能看到比自己先到的凯瑟琳。这时候，他总是会带着赞赏的语气说：“啊！凯瑟琳小姐，你已经到了！”每次听了总监这句不露声色的赞扬，凯瑟琳心里就会感到非常的高兴。

其实，凯瑟琳住的地方离公司并不近，为了比总监更早到公司，她有的时候连早点都顾不上吃就往公司赶。她认为，对任何雇员来说，守时或者早到都意味着对工作充满热情，更何况她还只是一个新人，别人对她的能力和品性还不了解，要是每天都提前到达公司的话，肯定会给同事和上司留下非常好的印象。

后来因为人事调动，公司的广告部经理被调走了，于是总监就推荐她担任这个职位。当时，同部门还有一个非常优秀的年轻人对此非常不服气，于是就质问总监：“我的每项业绩都比凯瑟琳要好，为什么担任经理的是她而不是我？”

总监只是静静地看了他一会儿，说道：“因为她从来都不会迟到。”

没有一个上司喜欢下属整日匆匆忙忙踩着铃声进入办公室，更没有一个上司喜欢经常迟到的员工。这种拖拖拉拉的作风，严重影响一个公司的工作气氛，从而影响到工作效率。

“没有规矩，不成方圆。”一个企业，只有切实贯彻并执行了一套合理的制度，才有成功的保障，而考勤则可以直接表现出员工对于工作的态度。

别作弊，因为你的信誉价值连城

诚信为做人之本，“诚信”两个字无论在任何时候都很重要。现代诚信显得更为重要，各行各业都在遵守他们自己的职业道德。

帕垂特教授曾经为北大的博士们编过一本教材。在即将考试前的最后一堂课上，他让学生们翻到这本教材的最后一项课程。那个课程名为《关于诚实》，里面这样写道：

为什么要考试？测试你对某门课的掌握程度；测试你的学习技巧和记

忆力；评估老师的教学质量，了解哪些教得不错，哪些需要加强；最重要的是，测试你是否诚实。

听说作弊在中国是一种普遍现象，每个学生都作弊。打死我也不信！没人作弊，或者说大多数人不会作弊。因为，一个作弊的民族怎么可能进步和强大呢？

即使你真的作弊了，我们也不会怎样，既不会撕掉你的试卷，也不会给你打零分，我们会装作没看见，因为，生活本身的惩罚要严厉得多。孩子，你的信誉价值连城，你怎么舍得用一点点考分就把它出卖了？作弊的代价太高了，实在划不来！

大仲马说："当信用消失的时候，肉体也就没有生命了。"一个人如果失去了诚信，那也就失去了立足于世上的根本。

诚信是为人之道，是立身处世之本，是人与人相互信任的基础。讲信誉、守信用是我们对自身的一种约束和要求，也是外人对我们的一种希望和要求。如果一个人不能诚实守信，那么他就得不到人们的信任。

曾经有一位美国留学生，毕业的时候成绩优异，于是就理所当然地留在了美国。他踌躇满志，希望能够在当地找一家优秀的企业任职，但是当他去了很多家大公司面试的时候，却无一例外地被拒绝了。他很失落，也很恼火，但是却也无可奈何。于是万般无奈之下，他只得放下自己高材生的架子，去了一家小公司，心想，这次总该能成了吧！

然而，让他没有想到的是，小公司虽然小，但还是一样拒绝了他。他终于忍无可忍，大声地向负责招聘的人员质问原因。招聘的美国人看了看他没有说话，只是从抽屉里拿出了他的档案袋，将其中一张抽出来，放在了他的面前。留学生拿起看了看，是一份记录，记录着他乘坐公共汽车曾逃票三次。

在这个公司的负责人看来，一个连公交车车票这点蝇头小利都要贪的人，还能在其他事情上信任吗？这种人一旦受到金钱的诱惑，十有八九就会出卖公司的利益。

所谓人无信不立，企业无信不长，社会无信不稳。人一旦失信，将难以生存下去，而一个企业一旦失信，再大的规模也难免会轰然倒塌。三鹿集团曾经是乳制品行业的巨头，品牌价值高达数百亿，然而，毒奶粉事件之后，一朝失信，就犹如摩天大厦顷刻倒塌。

松下电器创始人松下幸之助说过：“信用既是无形的力量，也是无形的财富。”一家企业只有建立了良好的信誉，才能获得成功。

海尔首席执行官张瑞敏先生，被誉为中国企业界的“杰克·韦尔奇”。他领导下的海尔集团全球年销售总额高达700多亿元，在全球白色家电制造企业中排名第五。而在他刚接手的时候，海尔公司不过是一家亏损147万元的小企业。

据说在张瑞敏刚上任的时候，他发现了刚生产的一批冰箱存在质量问题,于是，他亲手砸了这些不合格的冰箱，并掷地有声地说道：“不合格产品就是不合格员工。”正是因为本着这种诚信做产品的原则，海尔电器的声誉渐隆，企业也越做越大。

获得成功的首要条件，就是获得他人的信任，但到今天仍然有许多企业对于获得大众信任一事漫不经心，不以为然，不肯在这一方面花费心血和精力，总是想着投机取巧。这种企业注定是走不长远的。

莎士比亚说：“没有一种遗产能像诚信那样丰富的了。”在我们的日常生活中，诚信几乎渗透到了各个方面，小到诚实不说谎，遵守时间，考试不作弊，大到对事业的忠诚与坚守。诚信既是对别人的，也是对自己的。真实地面对自己，真实地面对别人，真实地面对社会，不屈从于自己的内心欲望，不屈从于自己内心的恐惧，不虚饰自己的错误，这样才能在事业上获得发展、有所成就。

世界上最怕“认真”二字

世上的事就怕认真，也只怕认真，无论我们做什么事，处在什么样的位置，只有静下心来专心致志，才能把一件事情做到最佳。

系山英太郎是一位在日本政商界呼风唤雨的显赫人物，26岁时当上了前首相中曾根的秘书，30岁即拥有了几十亿的资产，32岁成为日本历史上最年轻的参议员，1996年退回商界成为日本首富之一。

在谈到自己成功经验的时候，他这样说：“我做股票时就专心做股票，吃饭时专心在食物上，睡觉时就好好睡觉。我总是倾注全部的热忱，认真投入当下所做的事情，毫无杂念，尽力而为，剩下的就‘尽人事，听天命’。不论遇到什么情况，我都相信将来必然成功，不愉快的事立刻抛诸脑后。我关注社会的所有动态，因为它们都关系到我的投资活动。”

日本人的认真是出了名的，有些人甚至还认为，日本人有着一股近乎偏执的认真劲。日本餐厅的盘子都要洗过七遍才算合格，而据说他们刷洗过的马桶，甚至可以从里面舀出水来直接喝下去。

海尔集团总裁张瑞敏曾说：“如果让一个日本人每天擦桌子六次，他会不折不扣地执行，每天坚持擦六次；可如果让一个中国人去做，那么他在第一天可能擦六次，第二天可能擦六次，但到第三天时，可能会擦五次、四次、三次，到后来，就不了了之了。”

认真不认真是态度的问题，不是能力的问题。事情能不能做好首先决定于态度，只有态度认真，才有可能真正把事情认真做好，我们的事业才能更加兴旺发达。

许多人尽管心智颇为高远，才华堪称一流，但总是不停地从一个行业跳到另一个行业，工作换得像走马灯一样，缺乏一种从一而终的专注、一种心无旁骛的认真劲儿，他们最终可能以默默无闻、一事无成收场。

事实上，一个人即使才智并不突出，但只要能够认认真真、踏踏实实专注于一件事情上，那就算仅凭积攒的经验，也可以在这个行业获得一定的成就。

在意大利的赛马场上，最具声望的不是叱咤商场的富豪，也不是技压群雄的王牌赛马手，而是一位名为佩罗·库兹的钉马掌的老铁匠。众所周知，一块好的马掌对于一匹马来说是非常重要的，它可以让赛马保持最佳的状态，跑出最快的速度。而在意大利，要问谁的马掌打得最好，这个人无疑就是佩罗·库兹。

佩罗每次给一匹马钉马掌之前，都是要用数天的时间来观察这匹马的习性、走姿，而后再根据每匹马的特点给它们钉上最适合的马掌。佩罗说：“我给它们钉了一辈子的掌，这就是我的工作，也是我最关心的事。从我看到一匹马的那一刻起，我就在想着该怎样才能给它钉一副最合适的马掌。”

从八岁开始，他就在一家铁匠铺做学徒，至今已经钉了几十年的马掌。他每天的生活就是和马掌打交道，甚至在吃饭睡觉的时候，脑子里还在想着钉马掌的事。为此，他在业界赢得了极高的声誉。虽然如今的他年事已高，但慕名而来找他钉马掌的赛马手依然络绎不绝。

佩罗虽然只是个铁匠，但是他的认真与数十年经验的累积，让他在业内声名远播。他无疑是成功的。其实，任何一种工作，只要我们能认认真真、一丝不苟地去做，那终将会有所收获。无论是制造一个马掌、一颗纽扣，还是一架飞机，一件事情只要我们去做了，就一定要认真地把它做好。只要把它做精，做透，做到了最好，财富与名望自会接踵而来。

在当今的职场上，许多人换工作的速度快得令人目不暇接。在他们眼

里，工作只是一个临时的饭碗，当然不值得为之投入太多。也正是因为这种心态，所以无论走到哪里，他们都不会全心地投入工作，自然也干不出如何出色的业绩。其实，有的时候，能静下心来，简简单单、认认真真地去做一件事情的人，才更容易找到成功的捷径。

要有负责到底的精神

美国作家科尔顿曾经说："人生中只有一种追求，一种至高无上的追求，就是对责任的追求。"责任，这对于每一个人来说都是一种与生俱来的使命。从我们降临到这个世界开始，每时每刻都要履行自己的责任，有对家庭的责任，对工作的责任，也有对自己的责任。对待工作不能尽职尽责的人，心里也一定缺少做事情的责任感，永远无法把事情做完善。

劳伦斯是一名优秀的建筑工程师，在一家建筑公司担任了二十多年的首席工程师，完成了许多优秀的工程项目，为公司的发展做出了非常大的贡献。

随着时间的推移，劳伦斯渐渐年迈，于是他决定退休回家与妻子儿女享受天伦之乐。老板自然是十分不舍，对他再三挽留，但见他去意已决，无奈之下只能同意了他的请辞，但是也提出了一个要求：希望劳伦斯能在离开之前，帮助公司再建造最后一栋别墅。

劳伦斯虽然归心似箭，但却也无法推辞，只能勉为其难答应了老板的请求。然而，此时的他心思早已完全不在工作上，对工作的责任感已经不如以往，对房屋的用料与建造质量也没有了往日的水准。他心里也明白这栋房子存在很多的瑕疵，但自己已经没有了工作的热情和责任感了。

不久之后，别墅竣工了，老板在劳伦斯的欢送会上，将一把钥匙交到了劳伦斯手中。他说："亲爱的劳伦斯，你为这个公司工作了二十年，正是因为你的努力，公司才能有今天的成就，这最后一栋别墅就是公司送给你的礼物。”

老板话音刚落，会场就响起了一阵热烈的掌声。这些掌声都是在称赞劳伦斯对公司的功劳，但是劳伦斯却愣了，心中满是悔恨和羞愧。他一生盖了那么多坚固漂亮的豪宅，最后却为自己建了这样一座粗制滥造的房子。

福特汽车创始人亨利·福特说过：“所有成功者的标志，都是他们对自己所说的一切和所做的一切都负责到底。”对于工作来说，责任就是保证工作完成好坏的标尺。只有你将责任放在心头，工作才能完成得更快更好。对工作负责，就是对自己负责。一个有责任的员工，不但要积极完善自己，更要处处对公司、对他人负责。

一家公司因为最近几个月的业绩一直不好，所以决定裁员。因为学历太低的缘故，业务部的王明和程晓都进入了裁员名单当中，公司要求他们在一个月后正式离岗。

王明在接到裁员通知后，非常气愤，回到办公室就拿杯子、文件夹撒气。他心想，反正就要离开公司了，干得好不好都是一个样，于是工作也不再上心了，而且还经常迟到早退。

程晓在听到这个坏消息后一下子也愣住了，一个人跑到了楼梯口静静地待了半天，情绪才慢慢平复下来。等她再次踏进办公室的时候，她脸上依旧挂着淡淡的笑容，好似什么事情都没有发生过。

在公司的这几年，程晓一直踏踏实实、勤勤恳恳，本职工作做得非常好，同事们也喜欢这个手脚勤快、笑容甜甜的女孩子。此时，同事们看她的眼神中多了几分同情，语气中也多了几分客气。本来该程晓做的事情，总有人主动揽过去。

有位同事在复印厚厚的一本技术资料时，因为不常做，所以一时间手忙脚乱，文件都掉在了地上。程晓走到复印机前，捡起地上的资料，笑了笑说：“还是我来吧！”同事转过身，看到的是一副平静而诚恳的面容。

同事犹豫了一下，离开了复印机。

连续几天，程晓仍像往常一样，有条不紊地忙碌着，打印资料、翻译文件、收发传真、转接电话。渐渐地，同事们似乎忘记了程晓的遭遇，一些“查资料”“发传真”等杂事他们又像往常一样找程晓帮忙，程晓也都一一做好。

一个月后，王明如期被辞退，而程晓却留了下来。公司的老总说：“程晓的岗位，谁也无可替代，这样敬业的员工，公司永远也不会嫌多！”

美国第二十五任总统威廉·麦金莱曾在一所大学演讲时说：“比其他事情更重要的，是你们需要尽职尽责地把一件事情做得尽可能完美；与其他有能力做这件事的人相比，如果你能做得更好，那么，你就永远不会失业。”

在工作中，能有负责到底精神的人，遇到困难时会竭尽全力去寻找解决问题的办法，工作出现失误时，也会主动站出来承担责任。许多人觉得这样的人太傻，但实际上他们才是真正聪明的人。因为敢于承担责任，才能赢得别人的信赖，才是晋升之道。

在现实的工作生活中，我们无论做什么事，都务必要有负责到底的精神，因为它决定一个人日后事业上的成败。一个人一旦领悟了这一秘诀，就意味着他已经掌握了打开成功之门的钥匙。

没有最好只有更好

小时候，家长和学校里的老师常常对我们说这句话：“没有最好的，只有更好的！”事物总是不断发展变化的，它们有可能随着时间的推移，变得越来越好，但是永远都不可能达到最好。

完美主义者或者追求的是最好，先不说最好不可能达到，即便它可以达到，追求最好表达了一种静态的满足，到了他心目中的最好后，就会裹足不前。而现实主义者追求的是更好，是一种无止境的追求，永远都不会止步。

自然界有一个法则叫作“优胜劣汰”，这无论是对于动物还是对于人都是一样适用。对于动物而言，若是你不能通过进化实现进步，就会面临自然的淘汰；而对于人来说，如果你不能在工作或是生活中表现得比别人更优秀，超越别人，那你的位置就可能被别人所取代。

竞争是永恒的主题，“优胜劣汰”是不变的法则。若是在竞争中输给了别人，那就只能被别人淘汰，所以，要想不被淘汰，就要不断地进步，就要追求更好，而不是止步于虚幻的最好。

凯文是加州一家贸易公司的优秀销售员，他的业绩连续许多个月都排在整个加州北区的前五位。该公司在加州一共有两个销售区域，即南区和北区，北区的销售业绩一直都要好于南区。为了带动南区的市场，公司决定将一批优秀的北区销售员调到南区去，凯文就是其中之一。

来到南区之后，虽然市场开发不是很完善，但是凯文的销售工作还算顺利。第一月他竟然还拿到了南区的销售冠军头衔，而且销售成绩比其他人高出一大截，这不禁让他喜不自禁。以后的第二个月，第三个月，凯文依然是销售冠军，这让他万分得意。虽然他这个南区冠军的销售成绩还比不上自己以前在北区的业绩，但他却将这个原因完全归咎于市场不成熟。他自以为是公司最优秀的销售员了，工作也开始懈怠了。

就这样，一直过了七个月，凯文的业绩依旧是南区冠军，但是却比其他销售员相差无几了，凯文却还是常以此沾沾自喜。这时候，公司突然来了一纸调令，将凯文又调回了北区。结果一个月下来，他的业绩竟然排到了十名开外。这时候，凯文才明白过来，原来自己一直都沉醉在“销售冠军”的美梦里，但是事实上，自己非但没有进步，反而是退步了许多。

现实生活中，许多人往往在自己的工作领域取得一点成绩就沾沾自

喜，不再卖力工作，导致工作业绩下降，甚至因此而丢了工作。在人生中，只有不断去追求，去超越，才能攀得越来越高。在工作中，只有不断努力地去拼搏，去进步，去超越别人，才能铸就辉煌，成就伟大的事业。

当球王贝利踢进自己在正式比赛中的第1000个进球时，一名记者问他，他哪一个球踢得最好时，贝利意味深长地说："永远下一个。"

"没有最好，只有更好"就是要我们以更大的热情去获取更大的成功，不断给自己加压，不断给自己创造成功的机会，永远不让自己的动力枯竭，这样才能使自己的生命之车驾至理想的远方。

有些人对于自己的工作自满了，于是就开始安于现状，工作也开始变得随随便便，对于上司交代的任务，完成得马马虎虎，对于自己分内的工作也变得拖拖拉拉。一个员工一旦对自己的工作变得"随便"，那他的惰性就会膨胀，对工作也会敷衍搪塞。这样一来不但损害了公司的利益，最终也会害了自己。

张婷是一家公司的总行政助理。这一天，她在前台值班，因为没有什么客户到访，她便上网玩起了游戏。因为玩得太投入了，以至于经理路过她还没有发觉，直到经理敲了一下前台，她才突然惊觉。经理问她为什么在上班的时候还玩游戏，张婷回答说："反正也没有什么事，闲着也是闲着。"

经理看到她面前有个来客登记簿，就说："你为什么不乘着这段时间整理一下来客登记簿呢？"张婷说："这些东西我早就做完了呀！"经理说："你可以精益求精嘛。"张婷一听笑了，说："经理，这是广告词，谁都会说。"

经理看她不服气，就翻了翻登记簿，发现都是按客人姓氏排列的，于是就笑着说道："这种排列方式就有改进的必要。这些来访的客人，都是代表他们的公司来我们这里洽谈业务的，也许在未来的某一天，他们会离开这家公司，但是他们的公司则有可能是我们的永久客户，我们重点是应该记住他们的公司名称，所以，在整理来客名录的时候，以来客公司的名称笔画来登记，这样是不是更好一些呢？”

听了经理这么一说，张婷这才知道，原来工作是没有最好的，只有更好。你以为你已经做得很好了，其实还是会有很大的改进空间。

做一项工作若是满足于现状，其实就是自我设限。平时工作得过且过，只要工作中不出什么大的纰漏就行，久而久之，在工作中就会渐渐缺乏主动性。其实，就连给客人泡一杯茶，给上司复印一份资料这样的工作，都有提高工作质量的空间。如果一个员工的身上滋生了惰性，那就会离上司的要求越来越远，最终断送掉自己的职业前途。

“没有最好，只有更好”本是澳柯玛电器的一句广告词，但却是我们在工作或是生活中的一句至理名言。米开朗基罗经常说，精益求精的才是艺术。对于精益求精的米开朗基罗来说，一旦发觉某个雕像出现了些微的误刻，就干脆舍弃它，在另外的大理石上重新开始，并力求这一次不发生任何误刻。他说，自己之所以只创作了极少的几件雕刻和绘画作品，就是这个原因。

成功不是轻而易举取得的，而是要付出一定的代价和不断的追求。每个人都不可能十全十美，总有这样那样的缺陷。有缺陷意味着隐藏失败的可能。尽力去做好每件事，才能弥补我们所拥有的那些缺陷。因为自满而止步不前，那么要想取得成就只能是一场虚幻的梦。

第十一章

与不足较劲，激励自己不断进步

与自己的内心来一场决斗

人这一生中最大的敌人究竟是谁？不是我们的对手，而是我们自己。在我们的意识中，一直潜伏着无数的敌人。他们困扰着我们的人生，打击着我们的自信心。一个人若是想要取得成功，最重要的不是战胜对手，而是战胜自己，战胜我们内心的敌人。

深山之中有一座小庙，庙中住着一对师徒。有一天，小和尚突然问老和尚："师父，一个人最害怕的是什么？"

老和尚看了看年轻的弟子，笑了笑说："你觉得呢？"

"是绝望吗？"老和尚摇了摇头；"那是孤独吧？"老和尚再次摇头；"难道是误解？"老和尚还是摇头……小和尚一连说了十几个答案，老和尚却一直都在摇头。小和尚没辙了，沮丧地说道："那您说是什么？"

老和尚笑着指了指小和尚说："就是你自己啊！"

"啊？"小和尚一愣，睁大眼睛，满脸的不解，"为什么是我自己？"

老和尚说："孤独、误解、绝望这些都是你自己内心世界的幻影，都是你自己给自己的感觉罢了。你对自己说：'这些真可怕。'那你就真的会害怕。相反，要是你告诉自己的是：'没什么好怕的，只要我积极面对，就能战胜一切。'那么你就不会因此感到害怕。你所害怕的不过是自己内心的虚影。一个人若连自己都不怕，他还会怕什么呢？所以，使你害怕的其实并不是那些想法，而是你自己啊!"

小和尚听了恍然大悟。

现代诗人汪国真曾写道："心晴的时候，雨也是晴；心雨的时候，晴也是雨。"一切的一切，只是因为我们总是执着于内心，自己的内心其实才是我们人生道路上最大的敌人。如果我们打破了自己内心不敢战胜的东西，那么你就能够超越自己！

有着"打工皇后"之称的TCL常务副总裁吴士宏，早年只不过是北京市宣武区椿树医院的一名护士，然而她敢于向自己发起种种挑战，敢于一次又一次地超越自己，最终让自己的人生发生了华丽的逆转，成为一家市值数百亿的电器集团的最高决策人之一。

成功人物总是能够从逆境中战胜自己，成就伟大事业。他们只要确定了一个目标，就会为之努力奋斗下去，将所有的精力和努力都集中在这个目标上，直到获得成功为止。有时侯所谓的困境其实并不是那样艰难，只是自己没有坚持下去，没打败自己这个敌人。

贝多芬是历史上最伟大的音乐家之一，是维也纳古典音乐学派的代表人物。贝多芬有着极高的音乐天赋，然而，在他刚刚26岁的时候，被音乐人视作生命的耳朵便出现了问题。他患上了严重的耳疾，耳朵日夜轰鸣作响。

当时的他并未觉得什么，总觉得自己的耳疾很快就能治好，但事实却恰恰相反，他的耳疾非但没有转好，反而越来越严重。到了45岁的时候，他已经完全丧失了听力，这给他的人生带来了毁灭性的打击。然而，贝多芬并未就此屈服，他再一次从痛苦和折磨中站了起来，战胜了自己内心的懦弱与妥协。他说："我要向命运挑战！我要扼住命运的咽喉，不要被它毁灭！"

1808年12月22日，贝多芬的《第五交响曲》于维也纳剧院首演。这首被称为《命运交响曲》的乐章中，充斥着贝多芬对于命运的控诉与抗争。演奏完时，维也纳音乐大厅会场响起了震耳欲聋的掌声。人们被激昂的音乐所振奋，更为贝多芬不屈的精神所感动。

每个人都是在困境中成长，在逆境中坚强。我们每个人都要学会战胜自己。当困难和挫折来临时，只有勇于并善于战胜困难和挫折的人才是强者！

老子曾说：“自知曰明，自胜曰强。”隋唐时期的思想家王通也说：“自知者英，自胜者雄。”战胜别人并不算是真正有力量的，唯有战胜自己才是真正的勇敢。在职场中，其实我们最大的敌人不是老板，也不是同事，更不是我们的竞争对手，而是我们自己。一个人只有超越了自己，才能真正成为职场中的最终赢家。

相信，然后才能创造奇迹

有人说，所谓奇迹就是相信自己，相信自己能战胜一切困难，相信自己能创造奇迹。

自信的人一般都很坚强，他们在困难前用双手创造奇迹；自卑的人一般都很懦弱，他们在困难前束手待毙。许多人之所以失败，究其原因，不是因为无能，而是因为不自信。

尼克松是美国第三十七位总统，也是我们都极为熟悉的一位总统。他1972年2月访华，打开了两国关系的大门，成为访问新中国的第一位美国元首。但就是这样一个大人物，却因为一个缺乏自信的错误而毁掉了自己的政治前程。

1972年，尼克松竞选连任。由于他在第一任期内政绩斐然，所以大多数政治评论家都预测尼克松将以绝对优势获得胜利。然而，尼克松本人却很不自信，他走不出过去几次失败的心理阴影，极度担心再次出现失败。在这种潜意识的驱使下，他鬼使神差地干出了后悔终生的蠢事。

1972年6月17日，以美国共和党竞选班子的首席安全问题顾问詹姆

斯·麦科德为首的5人闯入位于华盛顿水门大厦的民主党全国委员会办公室，企图在里面安装窃听器并偷拍有关文件，结果当场被捕。由于此事，尼克松于1974年8月8日宣布将于次日辞职，从而成为美国历史上首位辞职的总统。

英国著名文学家培尔辛说过："除了人格之外，人生最大的损失，莫过于失去了自信心了。"许多人就是因为失掉了自信心，从而乱了手脚，乱出昏招，最后招致失败。一个人若是想要获得成功，首先就要从真诚地相信自己开始。

"商界贝多芬""IT业拿破仑""创新教父""理想战士"这些都是贴在苹果前CEO乔布斯身上的标签。他不仅仅是一个CEO，同时也是一名艺术家，一名书法、禅修爱好者，更是一个与癌症病魔抗争数年而坚守工作的角斗士英雄。

他曾经说过这样一句话："活着就是为了改变世界，难道还有其他原因吗？"正是因为怀着这种信念，他先后领导和推出了麦金塔计算机、iMac、iPod、iPhone等风靡全球亿万人的电子产品，深刻地改变了现代通信、娱乐乃至生活的方式。美国总统奥巴马盛赞乔布斯："他改变了我们的生活，重新定义了整个世界，并取得了人类历史上极为罕见的成就。"

桑塔雅娜说，哥伦布发现了一个世界，却没有用海图，他用的是在天空中释疑解惑的"信心"。相信自己不仅是一种信念，更是一种力量。一个不自信的人，很难将一件事情做到最好，而一个充满信心，永远朝着自己目标前进的人，整个世界都将给他让路。

一位教授带着一群学生进了深山考察，结果在山中迷了路。由于山路崎岖，他们走了好多天都没有找到出口，最后他们来到了一处悬崖下，发现已无路可走。教授仔细观察了地形，觉得这座山可以翻越，但大家已经筋疲力尽，看到悬崖峭壁哪里还能提起勇气，于是教授自己先尝试往山顶攀爬。

过了一会儿，山顶上传来了教授兴奋的呼声，原来在山顶的一块岩石上竟然有一行留言，写着“某某到此一游”。下面还写着日期，竟然还是三天之前。这说明这里三天前还有人经过。

这个消息让所有人都兴奋了起来。大家都变得信心百倍，开始从峭壁上往上爬，不一会儿，竟然都爬了上来，就连几个体弱的女生也不例外。几个小时后，这一伙人终于走出了大山。

马尔顿说：“坚决的信心，能使平凡的人们，做出惊人的事业。”有自信的人，可以化渺小为伟大，化平庸为神奇。缺少了自信，人就难成大器。自信是一种动力，是一种希望，也是每个人通往成功的桥梁。自信的本身就是一种奇迹。正是因为有了自信，才使平凡的人生多了几分精彩。

不要自我打击，也不要自我设限

老子说：“知人者智，自知者明。”对于一个人来说，有的时候，了解自己才是一件最难的事情，特别是对于那些经历过许多挫折打击的人来说，他们很难给自己一个公正准确的评价。

他们总是凭空给自己设定一个高度，将它视作自己的极限，于是再也不敢拼搏，再也不思进取，总是畏畏缩缩地穿梭于那个虚设的高度之下，还颇为心安理得，就好比是画地为牢。其实，只要他们勇敢前进几步，就会发现，那个所谓的高度其实并不存在，而所能做的事，比自己想象中的要多得多。

曾经有几位科学家做过这样一个有趣的实验。他们把一只跳蚤放在桌上，一拍桌子，跳蚤一下就跳到了有它们身高一百多倍的高度！然后他们在跳蚤头上罩一个玻璃罩，再让它跳，结果跳蚤一起跳就会碰到玻璃罩。

连续多次后，跳蚤改变了起跳的高度以适应环境，每次跳跃总保持在罩顶以下高度。

接下来，科学家逐渐改变了玻璃罩的高度，跳蚤也随着玻璃罩的高度相应地调整自己起跳的高度。最后，当玻璃罩接近桌面，这时跳蚤已无法再跳了。于是，科学家就把玻璃罩打开，再拍桌子，但是跳蚤却仍然不会再跳。

跳蚤不再起跳，并不是因为它已丧失了跳跃的能力，而是一次次碰壁之后“学乖了”。虽然玻璃罩子已经拿开了，但是在它们的潜意识里，“玻璃罩子”却一直都在，它们行动的欲望和潜能已被自己的潜意识所扼杀掉了。科学家把这种现象叫作“自我设限”。

现实生活中，许多人也是如此，年轻气盛的时候，总认为自己无所不能，但很快就在残酷的社会里吃尽了苦头。磨难、失败接踵而至，有的人不服输，还是鼓起勇气继续奋斗，但迎接他的却是批评和挫折。久而久之，失败和挫折让这些人丧失了追求理想的信心和勇气，于是他们开始觉得自己这辈子也就只能如此了，偶尔感到失落时，就自我安慰：命里无时莫强求啊！就像那只跳蚤一样，我们被自己限制住了，只懂得自怨自艾，殊不知只要打破那虚假的极限，就可以拥有一片广阔的空间！

老赵是镇上一家小医院的大夫，为人本分，医术精湛，很受患者的好评。这家医院原来收入还可以，但由于现在人们生活水平提高，有病了大家都喜欢去市里的大医院，所以镇医院的病人就越来越少。由于是自负盈亏，医生们已经两个月没发工资了。在卫生局的提议下，医院举行了换届选举。这个烂摊子谁愿意收拾呀！于是老实巴交的老赵被选为院长。老赵心里很矛盾，他是很喜欢管理工作的，可有担心做不好还要担责任，自己也不是当官的料啊！

他永远都记得上高中的时候，因为没有组织好春游，被老师撤了班长职务的事。连一个班长都干不好，怎么能管好一个医院呢？他决定去卫生局表态，请求换人，但妻子阻止了他：“你还没干怎么就知道干不好？平常你看到医院有什么不合理的地方就回家唠叨，现在该你管了，怎么又不行了？我看你就是只会说别人！”老赵被激怒了，决定做出点成绩给妻子看看！走马上任后，老赵这个新官烧了三把“火”。第一，所有医务人员必须对病人态度亲切，有被病人投诉者扣当月奖金；第二，组织医务人员轮班进修；第三，新添一批先进医疗设备。别看老赵平时不说话，办起事来却雷厉风行。三个月后，医院情况明显好转，来就诊的病人越来越多了。

大家都说：“真想不到，老赵还有这样的本事！”老赵自己也觉得不可思议，他现在的日子可比以前舒心多了！

现实生活中也有很多这样的“老赵”，他们明明很有能力，但却因为受到了一些挫折，就对自己的能力产生了怀疑，奋发向上的热情和欲望由此而被设限和封杀，从此就画地为牢，将自己限制在一个小圈子里。老赵还算是幸运的，碰到一个机缘让自己重新认识自己，突破了自我设限，可是事实上大多数人都还被困在“圈子”里，尽管心有不甘，却从未想过要向外迈一大步。这是多么可悲的一件事！

所以不要再把“我不行”“我不是这块料”之类的话当作口头禅，这只会使你意志消沉。每个人都有着巨大的潜能，很多事并不是你做不到，而是你不敢做，别再处处自我设限，否则你的人生只会一团糟。

拿了一副糟糕的牌，但你不一定会输

生活中，总会听到各种抱怨，抱怨自己长得不好看，或者自己天资不够高，家世不够好；抱怨为什么别人会长了一副漂亮脸蛋，别人学习成绩为什么那么好，为什么别人父母是亿万富豪；抱怨为何老天总是不垂青我们呢？

其实，我们没必要抱怨，也不要妄自菲薄。虽然一开始我们资质平平，家世也平平，但现在不如人，并不代表以后也会不如人。龟兔赛跑，还不是让乌龟赢了吗？既然我们已经输在了起跑线上，那如果还不奋起直追，只怕会一辈子落于人后了。

有一个名叫伊丽莎白的女孩，她长得很胖，总是受到别人的嘲笑。有一次，学校排演一部话剧，老师安排她饰演一个名为杰克的男孩。这是她非常不情愿演的一个角色，因此她感到十分委屈和伤心。

回到家后，她的姨妈察觉到了她的情绪，于是便和她一起打牌散心。打牌的过程中，伊丽莎白拿到了几次好牌，但都心不在焉地输了，而姨妈拿到的牌都很差，却都顽强地赢了。姨妈对她说："你拿了一副好牌，但你不一定能赢；同样，你拿了一副糟糕的牌，但你不一定会输。"

伊丽莎白明白了姨妈的用意，于是便下定决心首先把杰克这个角色演好。她回到了学校，认真参加了排练。最后，话剧公演的时候，伊丽莎白凭借着一个不起眼的小配角，竟然获得了最多的掌声。

"你拿了一副好牌，但你不一定能赢；同样，你拿了一副糟糕的牌，但你不一定会输。"这句话一定要铭刻在我们的心里。当我们的先天条件并不是特别优越时，先不要放弃自己，而是要保持好的心态。在人生还没有到终点的时候，未来还是相当大程度上掌握在我们自己的手中，只要肯付出比别人更多的努力，就会成功。

有飞鱼之称的菲尔普斯曾经说过：“谁都可以超过我，只要他比我付出得更多。”一直以来，我们都以为他天生就是拥有长臂和超大脚掌的游泳精英，但是却没有想过，他在这成功的背后付出了多少艰辛。难道菲尔普斯天生就会游泳吗？难道他一生下来就注定成为世界冠军吗？

凡事都少不了勤奋，只要你比别人付出得更多，你便是王者。勤奋能帮你走向成功之路。金牌属于勤奋之人，胜利属于勤奋之人，成功属于勤奋之人。把自己当作菲尔普斯，把自己的梦想当作金牌，只要付出再多一点，勤奋再多一点，就一定能完成“金牌梦”。

德摩斯梯尼是古希腊著名的演说家。事实上，在他小的时候，他在演说这方面根本就没有什么天赋。在当时的雅典，一名出色的演说家必须声音洪亮，发音清晰，姿势优美，富有辩才，而德摩斯梯尼天生口吃，嗓音微弱，还有耸肩的坏习惯。

然而，为了成为一位优秀的政治演说家，他付出了比常人多几倍的努力，进行了异常刻苦的学习和训练。他最初的政治演说是很不成功的，由于发音不清，论证无力，多次被轰下讲坛。

但是他没有气馁，为改进发音，他每次朗读的时候，就在嘴里放一块小石子，这个习惯一直保持到了老年。为了去掉气短的毛病，他常常面对呼啸的海风，不停地吟诗。为了改掉说话耸肩的坏习惯，他在左右肩上各悬挂一柄剑。

最终，通过多年的刻苦努力，他成为雅典最具影响力的演说家。

每一个成功的故事背后都有无数艰苦磨难。别说我们拿到了一副烂牌，即便是有些人拿到一副好牌，要想获得伟大成就，也一样要付出常人难以想象的艰辛。伟大的发明家爱迪生和生物学家沙克都算是天赋超绝的

人，他们的人生牌不算差，但爱迪生在经历了一万多次失败后才发明了灯泡，而沙克也是在试用了无数介质之后才培养出了小儿麻痹疫苗。

一个不屈服命运的人终将无所不能。在人生的战场上，即便是面对一把糟得不能再糟的人生牌，他们也决不后退，即便是倒下了还依旧能站起来。在他们的字典里永远都没有失败，只是暂时“未成功”而已。

海明威的《老人与海》中有这样一句话：“人生来就不是为了被征服的，人可以被毁灭，但是绝不会被征服。”人生本来就是一种无止境的追求。它的道路漫长、艰难，而且充满坎坷，但只要自己勇敢顽强地以一颗自信的心去迎接挑战，他将永远是一个真正的胜利者！

有一个优秀的对手，才能有优秀的自己

每一个人在实现自己梦想的同时，往往都只会想到自己的付出与奋斗，却常常忽略了对手的存在，要不然就用敌意的目光来看待对手，总是会觉得对手对于我们来说，永远都是与我们相对立的。殊不知一个对手，成就自己，而一个伟大的对手，则成就一个伟大的梦想。对手，是实现梦想的另一只手。因为有对手，我们才会睿智；因为有对手，我们才会拼搏；因为有对手，我们才会走向成功。

林丹到底有多少个冠军头衔，只怕很少有人能数得清了，奥运会、世锦赛、世界杯、亚运会、汤姆斯杯、苏迪曼杯等这些冠军加身铸就了他“世界羽坛男子单打第一人”的赫赫威名。然而说起他所获取的这些成就，有一个人确实不得不提，那就是李宗伟。

李宗伟对于林丹来说应该算是个终身难忘的对手了。他总是死死地盯在林丹的身后，却总是难求一胜，从2008年北京奥运会的完败，到2010年广州亚运会的惨遭逆转，再到2012年奥运会的差之毫厘，李宗伟总是差那

么一点。

这一点就注定了他总是与冠军擦身而过，也正是这一点刺激着林丹奋发向前，不敢有丝毫的懈怠，铸就了他的成功。可以说，如果没有李宗伟，那么林丹可能就无法取得如此辉煌与举世瞩目的成绩。

正所谓“没有岩石的拦阻，哪能激起美丽的浪花？”每个成功人士的背后除了有无数汗水和血泪之外，不可或缺的就是有一帮顽强的对手。在电视剧《康熙大帝》里，康熙曾在千叟宴中敬了三碗酒，第一碗是敬孝庄皇太后，第二碗敬了所有的文武大臣，而第三碗酒，他敬给了他曾经的死敌们。他说：“鳌拜、吴三桂、郑经、葛尔丹，还有那个朱三太子啊，他们都是英雄豪杰啊，他们造就了朕哪，他们逼着朕立下了这丰功伟业。朕恨他们，也敬他们。哎，可惜呀，他们都死了，朕寂寞呀!朕不祝他们死得安宁，祝他们来生再世再与朕为敌吧!”

这个世上若没有了竞争，人才就终将会被埋没，茫茫人海，便只有一潭死水，更见不到那美丽的浪花。是对手，磨砺了我们的意志；是对手，为我们的生活增色添彩；也只有对手，才能将原本是璞玉的我们雕琢成了价值连城的美玉。

曾经有人做过一个实验：将200只鹿分在东西两岸，东岸有狼群，而西岸只有一望无际的大草原。但结果却出乎所有人的意料：东岸的鹿比原来更多了，而且非常健壮;而西岸的鹿却数量锐减，直至消失殆尽。

无论是人还是动物，在失去了对手后，就会丧失最初的拼搏精神和进取动力，并最终灭亡，这是自然的法则。

大秦铁骑横扫天下之时，“振长策而御宇内，吞二周而亡诸侯，履至尊而制六合，执敲扑而鞭笞天下，威震四海”，这是何等的霸气，何等的豪迈！然而，如此强秦，仅二世而亡，这便是因为没有对手的缘故。

逐鹿天下之时，天下诸侯每一个都算得上是强劲的对手，所以，秦

始皇的胜利就显得无比珍贵。而天下太平之后，对手已经丧尽，再也没有对手可以对他产生威胁，于是，千万人征战得来的天下，仅二十年就被摧垮！

我们人生若是从起点到终点，如果没有各种各样的竞争者，那人生自然就开不出美丽的花朵，也结不出成功的果实，这就好比是一场电影，若是没有一个鲜明的反面角色，又如何能凸显出主角的风采呢？

在每一个人的成长中，对手是我们的挑战者，同时也是我们的同行者。它们或许是有形的，或许是无形的，有实际存在的，也有存在于精神上的，总之我们要感谢对手，是它们，使我们认识到了自己的缺点，然后一点点地不断进步。

借嫉妒激发你的上进心

“嫉妒”，在一般意义上，我们都把它看成是一个贬义词。现实生活中，有许多人因为它毁掉了自己的亲情爱情，因为它失去了自己的事业友情，然而也有许多人，因为它而认识到了自己的不足，从而获得了成功。

据美国的一项研究表明，轻微的嫉妒可以激发人的进取心和竞争意识。一个人正是透过嫉妒这种奇妙的情感，才真切地意识到了自己的不足与短处。正是因为有的人因嫉妒看到了自己的不足，于是就吸取别人的优点来学习，而另一些人在看到自己的不足后，不但没有改进反而怨天尤人，这就是人与人的不同。

嫉妒之心，人人皆有，它可以成就人的一生，也可以毁掉人的一生，主要在于个人用怎样的心态去面对。心理阴暗的人，总是想着将自己所嫉妒的人，或这个人身上让自己嫉妒的地方给扼杀掉，于是便常常排挤别人，甚至寻机谋害、毁火别人，就如太医李醯之于扁鹊，庞涓之于孙膑……这些都是因为过分的嫉妒，从而做出伤害别人的行为，同时也给自己造成了巨大的心理负担。

而心理阳光的人，则能知耻后勇，因此发现自己与对方的差距，从而以对方为目标和榜样，扬长避短，择其善者而从之，其不善者而改之，自己努力改进，迎头向上，积极地将嫉妒心理转化为进取的动力，不会让嫉妒使自己的心理不平衡。

麦卡基是一个年轻的美国小伙子，虽然他只是一家工厂的学徒，但是他的性格非常好强，对于那些商业杂志上所谓的成功人士非常嫉妒。有一天，他在一本杂志上读到了一个名为巴瑟的实业家的创业故事。他非常嫉妒巴瑟能获得这样巨大的成功，但是转念一想，嫉妒又能有什么用呢？再怎样嫉妒都不可能像他那样成功，我何不去向他请教，对他的成功经历了解得更详细些，没准自己也能取得成功。

抱定了这样的想法之后，麦卡基来到了纽约，从凌晨就守在了巴瑟公司的门口，等待他的到来。几个小时之后，他终于等到了巴瑟。他兴奋地向着巴瑟走了过去。巴瑟对于他的到来很是茫然，然而一听麦卡基问他怎么才能赚到百万美元时，他的表情变得柔和并微笑起来，两人竟谈了差不多一个小时，随后巴瑟还告诉麦卡基该怎样去访问其他实业界的名人。

麦卡基按照巴瑟的指示，遍访了那些曾让他嫉妒的那些商人、总编及银行家。在赚钱方面，他所得到的忠告并不见得对他有所帮助，但是成功者的支持，就是给了他自信。他开始化嫉妒为奋进的动力，仿效他们成功的做法。

两年后，麦卡基成为当初他做学徒的那家工厂的老板。又过了几年，他成功地收购了一家农业机械制造公司。就这样，在短短的几年时间里，麦卡基如愿以偿地赚到了百万美元。后来，这个年轻人通过自己的努力，将他的机械制造公司变成了一个庞大的机械集团。他成了亿万富翁。

我们应该用平常的心去面对那些比我们强的人，更要敢于面对自己。我们应该虚心吸取别人的优点，补自己的不足之处。其实，“嫉妒”是通向成功的最佳渠道，应该把嫉妒别人转变为学习别人的长处，以此来帮助

自己成功。我们把嫉妒对象当作对手，不是向他攻击而是向他挑战、学习。俗话说："只要功夫深，铁杵磨成针。"很多事情别人能干，自己也一样能干，而且可能会做得更好。

古希腊有一位哲学家说过：嫉妒是对别人幸运的一种烦恼。

其实嫉妒不可怕，可怕的是没能正确地认识嫉妒带给我们的启示，没能正确地选择应对和转化嫉妒的方法。我们常说一句话叫作："临渊羡鱼，不如退而结网。"在人际交往中，与其一味地嫉妒别人的成功与辉煌，怨恨自己"顽铁不成钢"，还不如静下心来，努力地去改变自己，让嫉妒成为催生梦想和行动的一剂良方，让"我嫉妒"这三个字变成我们内心最正向、最积极的对话。这样既能让我们的人际关系朝着健康、积极的方向发展，同时也能让我们摆脱嫉妒心的纠葛，为自己推开一扇真正的成功之门。

永远要跟比你更成功的人在一起

犹太经典《塔木德》中有一句话：和狼生活在一起，你只能学会嗥叫；和那些优秀的人接触，你就会受到良好的影响，耳濡目染，潜移默化，成为一名优秀的人。如果一个人在他的朋友圈中，是最成功的那一个，那他就不会更成功了。雄鹰在鸡窝里长大，就会失去飞翔的本领。跟冠军在一起，自然容易成为冠军，与普通人混在一起，久而久之，你也被"变"普通了。

曾经有一位年轻的作者向马克·汉森求教，他问："为什么您的书可以有1000万本的销量，而我的书连一万本都卖不出去呢？您有什么秘诀使你成为全世界畅销书的作者？"

马克·汉森笑了笑没有回答，而是反问道："你每天都和谁混在一起呢？”

青年作家骄傲地回答：“我每天都和百万富翁们在一起。”

马克·汉森笑道：“原来如此，这就没错了，因为我每天都和亿万富豪们在一起。”

著名的成功学大师卡耐基就曾说过：一个人的成功15%取决于他的专业知识，还有85%取决于他的人际环境！曾经有人做过一个调查，随便挑选一个人，然后请他写下与自己相处时间最多的六个人，也就是与他关系最亲密的六个朋友，记下他们每个人的月收入，而从他们的月收入我们大概就知道这个人的月收入状况了。这是什么原因呢？因为这个人的月收入差不多就等于他这六个朋友月收入的平均数。从这个调查可以得出一个结论：一个人的财富在很大程度上由与他关系最亲密的朋友决定。

比尔•盖茨说：“和那些优秀的人接触，你会受到良好的影响。”当你总是与最顶尖的人在一起时，你就越容易学到更多更好的成功法则。成功者的成功，会给普通人以莫大的压力，同时也会给他们以莫大的成功动力。

很多时候，我们不得不承认与比自己强的人结交是很有好处的。这不但可以激起我们的求胜之心，促使我们能够很快地成长并超越别人，而且，结交一个优秀的人，还可以借由他们的成功经验、成功模式，使我们在非常短的时间内，产生非常大的效益。若是再能够根据他们的失败经验，从中吸取教训，那就可以让我们尽力避免这些错误，在成功路上省下时间，走对方向，少走弯路。

一位记者要采访一位成功的企业家，电话邀约之后，企业家非常热情地派出了司机来接这位记者。记者上车之后，发现这位司机有些特别，谈吐举止都非常得体，给人感觉如沐春风。车子开动后不久，两人就攀谈了起来。这一聊，记者就更吃惊了，这位司机对于一般企业、金融、股市、理财等经济问题，都有非常独到的见解，看着不像是司机，反倒像是个经济学家。这令记者心中暗暗叹服。

车子开到半途，这位博学的司机突然转过头来问道：“不好意思，先生，我有点东西忘了拿了，可不可以先绕道去我家一趟，待会儿再到公司。我家就在前面左拐不远的地方。”记者看了看时间还早，就答应了。

车子在一座豪华的别墅前停了下来。记者见司机下车走了进去之后，心中更是惊讶了，这种房子怎么看也不是一个司机可以买得起的呀！等到司机再次回来时，记者忍不住问道：“这就是你的房子？”司机倒是大方地点头说：“是啊!”这下记者觉得更疑惑了，一个月入不过万的司机，怎么可能拥有如此可观的不动产呢?

后来司机为他解了迷惑，说自己做了二十多年的司机，他的老板交游广泛，所以，作为司机，他常有机会接触到许多企业家、股市大户、财务顾问、政府官员和专业人士。他一面认真开车，一面认真“偷听”他们在车中的谈话内容，并效法他们的思考模式和做事方法，遇到不懂之处，就会把握机会向这些专家请教。就这样，他从一点点的小投资开始，最终积累了令人称羡的财富!

每个人所获得的成就，都是自己一步一个脚印走出来的，也许在他们每一个人身上，都可以找到你所需要的东西。取他人之长，补自己之短，向各个行业的每一个成功的前辈学习，就可以使自己更快地成长起来！只有积极主动地去接触那些优秀的、比自己强的人，才可能更容易获得成功。

每天淘汰你自己，让生命绽放光彩

不是每一粒砂砾都能变成名贵的珍珠，也不是每一只猎狗都能变成善战的獒犬，只有经过不断的淘汰与选择，生命才会绽放出耀眼的光彩！竞争，这的确不是一个令人愉快的词语，但是时时刻刻都在发生，若是一味地逃避就意味着被淘汰出局。

沃尔特·达穆罗是美国著名的音乐指挥家，他在二十多岁的时候，就当上了乐队的指挥，可谓是少年得志。然而，即便是在成就莫大名声之后，他依然保持着谦和、勤勉的作风。对此，他曾经说过这样一段往事：

在他刚当上指挥的时候，心里也有些飘飘然，自以为才华举世无双，地位无人可撼。直到一天排练，他忘了带指挥棒，正要派人回家去取，这时候助理对他说：“不必了吧，向乐队其他人借一根不就行了？”当时他心想：“助理可真是糊涂，除了我，别人带指挥棒干吗？”

但他不愿当面驳了别人的面子，于是还是随便问了一声：“谁有指挥棒？”没有想到，他的话音还没落，大提琴、小提琴手和钢琴手，各掏出了一根指挥棒。见此，他心中非但没有喜悦与庆幸，反而是暗暗一惊，这才幡然醒悟：“原来自己并不是什么不可或缺的人物！很多人一直在暗中努力，随时要取代我。”自此以后，每当自己偷懒或松懈时，他总是会想起那三根指挥棒。

因为假如你不淘汰自己，可能就会被别人淘汰。“逆水行舟，不进则退。”在人生的道路上，不积极向上，时代的激流就会抛弃你、淘汰你。

有这样一则寓言：

在一片广阔的草原上，生活着狮子和羚羊。羚羊每天从梦中醒来，想到的第一个问题就是，我必须要比所有的狮子都跑得快，否则，我就会被吃掉。而狮子则想，我一定要比羚羊跑得快，否则就会饿死。就这样，在本能的驱使下，物竞天择的自然法则在这里体现得淋漓精致。

在工作或是学习上也是如此，也许今天的业绩是第一，但如果躺在今天的功劳簿上睡觉，而不再努力的话，那么明天后天，你可能就会被后来者所取代、淘汰了。

张阳是某公司市场营销部的部门经理。他担任这个职务已经有三年之久了，但是今天却失业了，顶替他职位的是原来的下属，一个进入公司还不足三年的年轻人。原来，这位年轻人学历比他高，能力比他强，经验也在数年的商海中获得了积累，羽翼日渐丰满，销售业绩惊人，在公司最近的绩效考评中名列第一。

而反观张阳，这三年来一直忙于日常事务，在一连串的平凡应酬中翻过了三年的日历，业绩上没有丝毫的长进，终于，总公司决定，由这位年轻人接替张阳的职位，出任市场营销部的主管。

随着社会的发展，高学历的人到处都是，各方面有才能的人也不计其数，优胜劣汰早已是职场竞争中的一种必然趋势，只有每天淘汰自己，才能不断地提升自己。

有人也许会说，我现在的单位经营状况很稳定，我的工作也很稳定，我也没有什么雄心壮志，不想跟别人争什么，没有必要天天活得那么累。但是你不想与别人竞争，并不意味着别人不会与你竞争。有的时候，你不淘汰别人，就会被别人淘汰。纵观人类的进步史，其实就是一部活生生的竞争史，这是一个很残酷的现实，不仅仅存在于动物界。物竞天择，适者生存，这在任何时候，都是一条不变的法则。

而且，风险之所以是风险，就是因为它是未知的，即便是再强大的公司也有可能倒闭，谁又能够保证自己的职业不出现风险呢？因为别人进步的同时你没有进步，相比之下，你就等于退步了。你没有构建任何可以抗击风险的能力，当危机来临的时候，第一个倒下的必然是你。一个人如果总是追求安稳，那只是坐以待毙的开始！

世界随时都在发展变化，每个人也是如此，只有每天试着淘汰自己，才能不断地进步。每天都淘汰自己，就是每天在为自己埋下一个机遇，只有懂得淘汰自己的人，才真正能领悟到成功的喜悦。

不满足是向上的动力

古语有云：“知足常乐。”这是千百年流传下来的古训，自然是没有错的。然而现今却有许多人因为这句话，就认为我们不用去艰苦奋斗，创造未来，而应该及时行乐，享受现在，这却是大大的谬误了。要知道“知足”不等于“满足”，一个人若是总是满足于现状，那结果只能是故步自封。

一个弟子在山上随禅师学佛。有一日，他突然来向禅师辞行，说：“师父，我跟您修行日久，受益良多，现在我觉得自己已经满了，只怕很难再学到新的东西，所以特来向您辞行。我决定下山去云游四方，做一个行脚僧。”

禅师看着他笑了笑问道：“真的满了吗？”弟子答道：“真的满了。跟随师父这么久，师父教的我全都记下了，这些已经够用，再多了我就装不下了。”禅师淡淡地说：“那么在你走之前，去装一盆石子来吧！”

弟子依照禅师的吩咐，从外面端了一大盘的石子进来，放到了禅师的面前。禅师问：“这一盘石子满了吗？”弟子回答：“满了，师父。”禅师随手从地上抓起几把沙子撒了进去，沙子顺着石子的细缝漏了下去，转眼就不见踪影。

禅师又问："现在满了吗？"弟子愣了一会儿，肯定地说道："这下真的满了。"禅师又从旁边的香炉中抓起一把香灰，洒到了盆中，轻轻一晃，还没有溢出。禅师再问："现在满了吗？"弟子有些迟疑，但最终还是坚定地点点头说："这次真是满了。"禅师拿起身前的一杯茶，顺手泼了下去，茶水一下子就渗了下去。

禅师放回杯子，笑着问弟子："这回满了吗？"弟子这时才明白禅师的用意，他向禅师跪下磕头道："师父，我错了，我不应该骄傲自满，我不回家了，我要留下继续向您学禅。"后来在禅师的教育下，他终于成了一名博学智慧的大师。

有人说："容易满足的人等于慢性自杀。"人在这个世界上生存，其所知所见是微不足道的，其所未知的东西相对来说更广阔无垠，所以我们都应该有一颗谦虚的心，时刻保持内心对未知的探求，不管吸收多少，都不要让头脑有"满"的感觉，不断吸纳新的知识来充实自己的头脑，这样才能学有所成。

"发明大王"爱迪生无疑是一个出色的科学家，然而在他发明了钨丝灯泡、收音机、摄影机等之后，变得自满了。他曾经这样说过："不要向我提出什么意见，因为再好的意见也比不上我的头脑。"正因为这种固执，使他执意不肯放弃直流电，而改为交流电，这也成了他一生中最大的败笔。诚然，即便如此，他依然是一位伟大的科学家，但是，原本他可以变得更加的伟大，是自满限制了他的前进。

而与爱迪生刚好相反的则是另一位伟大的科学家——居里夫人。居里夫人被誉为"镭之母"，她曾经在几吨的沥青当中提炼出了一克镭，还因此而获得了诺贝尔奖，但是她并没有因此而满足，而是马不停蹄地继续研究。不久之后，她又发现了另外一种全新的元素——钋。

她一生获得过一百五十多项大奖，还是唯一一位两次获得诺贝尔化学奖的科学家。有一次，她的一位友人去她家里做客，结果看到她的小女儿，将她刚刚获得的一个重要奖章在地上滚着玩。友人非常吃惊，连忙想要阻止孩子，但是居里夫人却说：“所谓奖章，那只能代表你过去的成就，但是对于每个人来说，只有不断地前进才更有意义。”

其实在很多时候，成功者和一般人的差别就在于，一般人只看到眼前的一片天空，而不知道远方还有更高远的天地值得我们去开拓。鲁迅说过：“不满足是向上的车轮。”的确，只有心中充满了改变现状的强烈愿望，才能让你不顾一切、不辞辛劳地去做事情。

人们不满足刀耕火种，通过不断的劳动实践，才出现了铁犁牛耕，进而发展到现在的机械化播种；人们不满足于茹毛饮血，多方改进烹饪技术，才出现如今南北多种菜系、多姿多彩的饮食文化。

许多人因为对现状不满，所以才发奋努力。因为对于职位不满，对于薪水不满，所以努力工作，期望得以升职加薪。因为对于自身的不满，所以才更加努力地改变完善自己。正是不满，才会把我们带到更美好的世界，引导我们到更开阔的天地。

第十二章

放下计较，舍得丢弃

活得太苦，因为想要的太多

有人说贪婪是人的本性，明代诗人朱载堉曾著有一首名为《十不足》的诗，就描述了这样一个贪婪的人，饥寒之时思衣饭，解决了温饱又想富贵，有了富贵思官爵，有了官爵又想登基，做了皇帝又想和神仙弈棋，最后还想登天梯，最终却还是被阎王给勾走了。诗中言道：“若非此人大限到，上到天梯还嫌低！”

现实中有许多人，总认为是命运亏待了自己，上天对自己不公，却不想一想，也许是你活得辛苦，并非命运在折磨你，只是你自己不满足，想要的太多而已。

庄子说：“其嗜欲深者，其天机浅。”一个人的欲望如果太多了，就会失去智慧和灵性，而智慧与灵性一旦失去了，痛苦和烦恼就来了。人之所以有苦痛和烦恼，是因为欲望无法得到满足。想要的太多，贪欲过盛，是烦恼的根源，只有根除欲望，才能活得自在。

有一位商人，富甲一方，他有一位美丽的妻子，还有一个可爱的儿子，但是每天都郁郁寡欢，于是他便去请求一位禅师开解。

禅师问：“你很穷吗？”

商人十分诧异：“你看我的穿着就该猜到我不是穷人啊！”

禅师又问：“家中如何？”

商人颇为得意地说：“有一妻一子，妻子貌美如花，儿子也十分乖巧懂事。”

禅师点点头说：“你回家去吧，回家你自然会明白的。”

商人不解，想要继续追问，却发现禅师静坐不语，于是他只好回到

家中。他没想到自己刚踏入家门，管家就急急忙忙地跑进来哭喊道："大事不好了，刚才少爷在湖边玩耍，不小心掉入湖中淹死了。夫人为了救少爷，也跟着跳入湖中，没想到也淹死了。"

商人顿觉五雷轰顶，跑到湖边哭喊，却只见到湖边上两具冰冷的尸体。

埋葬了妻儿之后，商人悲恸欲绝，他十分后悔当初没能好好陪陪妻儿，自己每天都忙着挣钱打理生意，却从来没有关心过自己的妻子和儿子，如今真是后悔莫及啊！倘若能再有一次重来的机会就好了。

于是他又去寻找禅师，却见禅师正对着他微笑。他心头悲愤郁积，于是愤怒地对禅师说道："我的妻子和儿子都死了，你却还在笑，哪还有一点出家人的慈悲心？"

禅师听了他的话，却没有生气，只是不紧不慢地回答："你的妻儿在世的时候，你整日愁眉不展，如今你妻儿不在了，你还是郁郁寡欢，为什么你的人生总是这么痛苦呢？"

商人听了恍然大悟。妻儿在的时候，自己终日忙碌事业，不曾有片刻欢愉，总觉得不够幸福，殊不知，自己生意有成，衣食无忧，妻子贤惠，儿子懂事，已经生活在幸福当中了，只是自己心中欲望太多，不知道知足，依旧不停地追逐，才会落得如此下场。

富兰克林说："有两条路可以得到幸福，即消除欲望或增加财富。"我们常常感到自己非常累，但是仍觉得不满足。其实，这并不是我们拥有太少，而是欲望太多，遮蔽了我们的双眼，看不清自己手里拥有的，只看得见自己手里没有的，于是不断去追逐前方的东西。

其实，欲望人人都有。每个人都有自己想要的东西，都想过美满幸福的生活，都希望丰衣足食，这是人之常情。但是，如果这种欲望过量，摆脱我们理智的约束，变成无止境的贪婪，那我们就无形中成了欲望的奴隶了。扪心自问，这样活着，我们能不累吗？被欲望沉沉地压着，能不精疲力竭吗？

每个人追求的都不一样，每个人的能力也是有限的，没必要太勉强自己去做那些做不到的事情，要懂得适可而止，生活才会更美好！人生最大的不幸是不知足。未曾拥有时孜孜以求，已经拥有了却又不知珍惜，一旦失去才悔恨终生。

同样是花草，有的花草几日无人照料便会枯萎，可仙人掌却不是这样，即便无人照顾，它也能顽强地生存。有人说仙人掌生命力顽强，其实，与其说是生命力顽强，倒不如说是它们所求不多。

世人虽然都知道“知足者常乐”的道理，但是心淡如水的明白人仍然很少。一个人要想生活得幸福潇洒，放下自己的欲望是一项必不可少的智慧。

总想着得到却总是得不到

有人说：“人生就像手握沙，握得越紧，流走的越多，平和地摊开双手，才能留得住更多属于自己的沙子。”这就像许多人对待婚姻的态度。有些人总是因为一些风吹草动，就怀疑自己的另一半出轨，为了留住对方，就采取了很多的行动，以为这样就可以把对方抓得更牢，其实这只会让对方对你越来越厌烦。

退一步说，即便对方真的出轨了，那你就是盯得再紧，他也有更高一级的对策，你所做的一切也只是徒劳无功。而如果他是清白的，那你的疑神疑鬼，只会毁掉你们之间的信任，毁掉你们自己的婚姻和幸福。

与其这样烦恼，不如泰然处之，把视野拓宽些，让自己活得舒畅一些，充实一些，那么即使婚姻中有再大的风雨来临，也不至于惊慌失措，觉得天崩地裂。

一位即将出嫁的女孩，问她的母亲：“妈妈，婚后我怎么样才能把握住幸福呢？”

母亲说道：“傻孩子，幸福是不能把握的。”

女孩疑惑地追问道：“为什么不能把握呢？”

母亲听了这话，温情地笑了笑，然后慢慢地蹲下，从地上捧起一捧沙子，举到女孩的面前。沙子堆在她的手里，圆圆满满，没有一点流失，也没有一点撒落。接着母亲用力握紧双手，霎时间，沙子就顺着母亲的指缝间倾泻下来。等到母亲再摊开手掌的时候，掌中的沙子已所剩无多。女孩望着母亲手中的沙子，若有所悟地点点头。

幸福无须刻意去把握，因为越是想抓牢，反而越容易失去。失去彼此间应该保持的宽容和谅解，就会失去幸福，所谓的婚姻也会因此变成毫无美感的形式。

曾经有一则新闻报道了这样一则故事：

一位年近23岁的新婚女子，她非常爱她的老公，但是她无法忍受她的老公每天早出晚归，对她不闻不问，所以夫妻之间经常吵架。终于有一天，在双方的争执中，她随手拿起了身边的一把水果刀，向老公扎了过去。结果就因为这失去理智的一刀，她杀死了自己最爱的人。

越抓得紧越容易失去，总想得到，到最后反而得不到。这不仅反映在婚姻和爱情上，还反映在我们工作生活的方方面面。

管理学上有一个非常著名的概念叫作“目标颤抖”，意思就是说当你特别想得到某种东西，或者特别想做好某件事时，往往会因为太专注于目标，反倒得不到，做不好。这也就是说，当你专注于某一个目标的时候，那你可能已经靠近失败的深渊了。

这种例子在我们的生活中是非常常见的，当你瞄准靶心打靶时，拿枪的手可能会颤抖；当你盯着针眼穿针引线时，拿线的手可能会颤抖。明明平时的水平很高，却总是在关键的时候发挥失常。

卡尔·华伦达是世界著名的走钢索表演家。他的每一次表演几乎都非常成功，但是1978年，他在波多黎各首府圣胡安市闹区表演时，却从75英尺高的钢索上掉下来摔死了。

后来，华伦达太太说：“其实在表演之前，我就知道他可能会出事的。”因为那次表演会有一个重要的人物到场，对于华伦达来说，这是一场十分重要的表演，于是在表演开始之前，他就不停地对自己说：“一定不能失败，我一定要成功。”然后，就是他想着一定要成功，最后却导致了失败。

庄子也讲过类似的故事：一个博弈者用瓦盆作赌注，他的技艺可以发挥得淋漓尽致，而他拿黄金下注，则大失水准。庄子把这称之为“外重者内拙”。例如，在职场中，我们在与客户谈一笔单子，若是我们太在意而因此患得患失，有时候，反而会起到相反的作用。

唯有放松，才能做得更好，太想得到反而更会失去，保持一颗从容、淡定的心，才能真正做到游刃有余。

错误属于以前，人生始于现在

在现实生活中，总是有很多人为自己之前所做错的、做的不到位的事情而纠结郁闷，结果后面的事情也做不好。工作中，他们因为已经发生的一点小失误而担心，害怕会受到老板或上司的批评，从而惶惶不可终日，连正常的工作也无法继续。在学习上，他们为了一次已经完成的考试而惶恐，生怕成绩太难看，因此也不能专心于学习。不论是什么样的情况，都不可否认，这种情绪已经严重影响到了我们的生活和工作。

在英国，曾经有一个老师给他的学生上过这样一堂课：一场考试刚刚过去，这个班级的多数学生在交完考试卷后充满忧虑，担心自己不能及格，以致不能正常地进行下面的学习。老师默默地看了他们一会儿，然

后，转身离开了教室。等他再次回来的时候，手中拿着一杯牛奶。

他先把牛奶放在桌子上，沉默不语。学生们不明白这杯牛奶和所学课程有什么关系，只是静静地坐着，疑惑地望着老师。忽然这位老师站了起来，一巴掌把那杯牛奶打翻在水槽之中，同时大声喊了一句：“不要再为打翻的牛奶哭泣了！”

学生们都为这突来的变故惊呆了。这时，老师一字一句地说道：“我希望你们永远记住这个道理，牛奶已经打翻了，不论你怎样后悔和抱怨，都没有办法取回一滴。如果你们事先小心准备的话，也许可以保住这杯牛奶，可是现在晚了，我们现在所能做到的，就是把它忘记，然后注意下一件事。”

著名棒球手康尼•马克曾说：“过去我常常为输球而烦恼不已，现在我已经不干这种傻事了。既然已经成为过去，何必沉浸在痛苦的深渊里呢？流入河中的水，是永远都不可能再取回来的。”

的确，流入河中的水，不可能再取回来，已经打翻的牛奶也不可能再重新收集起来，已发生的事无法再改变，再怎么后悔和抱怨，都是无济于事，但我们若是让它成为一个教训，一个借鉴的经验，那这杯“被打翻的牛奶”未必就没有价值。

许多人一味地沉溺在已经发生的事情中，不停地抱怨，不断地自责，这样一来，将自己的心境弄得越来越沮丧。像这种总是计较已经发生的错误的人，终究会使自己迷失在黑暗当中，看不见前头一片明朗的天空。

让我们想想那些伟大的人物，他们的成功几乎都是要经历苦难的。苦难既是成功路上的荆棘，也是成功的基石。没有人一上来就能成功，失败是自然的，也是成功的必经过程，你要记住只要你能从失败中吸取到经验，那你就能成功。

有一个粗心的男孩非常喜欢骑脚踏车，于是父亲就为他买了一个非常昂贵的脚踏车。男孩非常开心，对车子更是爱不释手，每到周末就骑上它出去锻炼。

一天，男孩骑车回来后，将车随意停在了楼下，忘记上锁了，结果等他出来的时候，车子早已不见了踪影。父亲并没有因此而责怪男孩，但是男孩为此懊恼不已，整整一个月都闷闷不乐，埋怨自己为什么这么粗心，不锁车子就回家。

就这样男孩对自己的错误耿耿于怀，直到有一天晚上，男孩放学回家，发现楼下竟然又停了一辆崭新的脚踏车，而且比他丢失的那辆更好。正当男孩惊愕的时候，父亲走了出来，将一串车钥匙交给了他，说道：“丢了的就算再内疚也找不回来了，何必为了它耿耿于怀？记住这次教训就好了。你现在拥有了一辆新车，而且比以前的那辆更好。”

从此之后，男孩再也没有忘记过锁车，在生活中粗心的毛病也改了许多。

当错误已经发生，我们需要的不是担心，不是焦虑不安，而是要问自己，为什么会有这样的错误，怎样能够补救，以后应该怎样做？人一生会失去太多不想失去的东西，如果每一件都斤斤计较放不下，那么你就很难有快乐的时候。

我们来到这个世界上，有很多事要做，不能总是为了已经失去的东西烦恼。丢失的车子，打翻的牛奶……都是过去式了，计较它们，只能让自己陷入迷惘的泥沼。

破了的镜子永远不可能圆满如初，再买只新的吧

子曰：“成事不说，遂事不谏，既往不咎。”意思就是说，已经做过的事不要再评说了，已经完成的事不要再议论了，已经过去了的事不要再追究了。不要为已经发生且无法改变的事情耗神费力，痛惜后悔，这可以说是古今中外聪明人共同的生存智慧。

明代文学家曹臣的《说典》中有这样一则故事：

东汉有一个人叫作孟敏，客居太原的时候，曾经卖过甑。有一回，他因为不小心，将担子掉在了地上，甑被摔碎了，结果他头也不回地径自离去。当时的名士郭泰看见，觉得非常惊奇，连忙追上去问道：“这甑摔碎了多可惜啊，你为什么连看都不回头看一下呢？”孟敏回答道：“甑已经摔碎了，再回头看又能有什么用呢？”郭泰听了这话，被他的气度所折服，于是就劝他进学。求学十年，孟敏就闻名天下。朝廷三公都曾征召他做官，他都没答应去。

在我们现代著名教育家陶行知身上，也曾发生过类似的事情。陶行知当年在上海乘公共电车，车子在行进中，他的新礼帽被风吹出窗外。车内有人惊呼，陶先生眼睛也没眨一下。旁边的人提醒说：“你的帽子吹掉了。”陶先生笑笑说：“我知道，但只能由它去了。”

的确，甑再珍贵，再值钱，再与自己的生计息息相关，可它被摔破，已是无法改变的事实，你为之感到可惜，心疼如焚，顾之再三，又有什么益处呢？就像一面已经破碎的镜子，既然破碎了，就永远都不可能再圆满如初了，与其在一旁哀叹，还不如去买一面新的来。

美国经济学家斯蒂格利茨说：“如果一笔已经付出的开支无论做出何种选择都不能收回，具有理性的人只能忽略它，这种成本就称为沉没成本。”他还举例说明：“假如你花7美元买了一张电影票，你怀疑这个电影是否值7美元。结果看了半小时后，你最担心的事变成了事实，这部影片糟透了，这时候，你应该离开影院吗？在做这个决定时，你应当忽视那7美元。它是沉没成本，无论你离开影院与否，钱都不会再收回。”

而且面对无法改变的现实损失时，我们应该豁达地面对。据说泰戈尔有一次挤火车掉了一只鞋，然后他立刻就把另一只鞋也扔了下去。他说：“这只鞋对我已无用，捡到鞋的人如果不是同时捡到两只鞋，同样没有用处，不如我成全这捡到鞋的人。”泰戈尔此举，倒是和孔子“人遗弓，人得之而已，何必楚也”有异曲同工之豁达。

其实，现代社会，更应具有这种豁达的生存智慧，也真应该豁达地看待生活中的一些不如意事，因为人生在世，谁都无法避免类似“甑已破”这样的事，而且我们手中的“甑”也随时都可能被他人打破。

美国第32届总统富兰克林·罗斯福便是一个豁达的人。在他年轻时，有一次，家中进了盗贼，很多财物都被偷走了。一位朋友写信安慰他，罗斯福在回信中写道：“首先感谢你，我的朋友，但是现在我并没有丝毫的沮丧。因为第一，贼偷去的是我的东西，而没有伤害我的生命；第二，贼只偷去我部分东西，而不是全部；第三，最值得庆幸的是，做贼的是他而不是我。”

过去的终究已经过去，我们无法去改变它，只能寄望于未来，因为未来才是我们要面对的。我们只有抛弃了不必要的包袱，才能在追逐目标的时候轻装前行。人生如此的短暂，为何不去好好地生活呢?

莎士比亚说：“聪明人永远不会坐在那里为他们的损失而哀叹，而是用情感去寻找办法来弥补他们的损失。”

正所谓“临渊羡鱼，不如退而结网”，有时间为已经无法挽回的事物浪费精力，还不如实实在在地学点本领，提高自己的综合实力，因为这个世界是不相信眼泪的。如果拥有雄厚的实力，就能抓住机会，走向成功。

较真失去的，连拥有的也会失去

当让你付出心血和汗水的工作，忽然丢掉了；当你赖以生存的公司，有一天被宣布破产了；当你突遭车祸，损失了一条走路的腿；当你买的股票，第二天变成一堆废纸；当你心爱的恋人，忽然投向别人的怀抱；当你曾经拥有的东西，突然之间就失去的时候，每个人都难免会有不舍。

然而，人生本来就是这样一个输赢交错的过程，没有人可以准确预测和掌控未来，也没有人可以改变过去既成的事实。所以，与其死死纠缠不能改变的过去，还不如改变心态，坦然地面对，让更有益于我们的想法指导我们今后的人生。

江明在一个网络公司从事网页设计工作。这个工作比较清闲，完成任务后，其他的时间都可以自由分配，可以自由地上网浏览网页，甚至连打游戏也没有人管，再加上每月的工资丰厚，江明对这份工作非常满意。

可惜好景不长，近段时间公司人事调动频繁，江明听说本部门会任命一位新的主管。虽说自己平时工作不太勤快，但是技术了得，而且公司做网页的就那么几个人，这个主管职位可以说是他的囊中之物。

但是让他没有想到的是，公司竟然从外面聘请了一位主管。眼看着愿望落空，江明心理自然很不平衡，而且新来的主管也是网页设计方面的高手，江明在部门的作用也不像以前那么重要了。因此，他对于工作更是散漫应付了事，结果最后，这家网络公司把他给辞退了。

江明失业之后，心理更加不平衡，对公司将他辞退的行为更是耿耿于怀，于是，便起了报复之心。他利用自己的黑客技术攻击这家网络公司，结果给公司造成重大损失。江明最后也因为警方的介入，而落入了法网。

每个人都渴望得到幸福，许多人偏偏记不起自己已经拥有的幸福，却念念不忘曾经有过的痛苦。“花无重开日，人无再少年。”人生在世，许多东西一旦失去，就彻底没有了，无论我们再怎么抱怨惋惜，都不可能再拥有。相反的，一个人若总是计较这些已经失去的东西，那到头来，可能连拥有的也会失去。正如泰戈尔所说：如果你因为错过太阳而流泪，那么你也将错过月亮和星辰。

1977年，年仅23岁的林海峰在名人战中挑战坂田荣男，结果出师不利，首局败北。输掉比赛后，林海峰非常苦恼，满脑子都是方才的败局，始终不能摆脱失败的阴影。这时候，他的师父吴清源对他说：“老天对你已经很仁厚了，23岁就能挑战名人，这已经是多少人梦寐以求也达不到的成就了，你还有什么放不开的呢？”

人生不如意之事十有八九，计较已失之物、已败之局，其实是完全于事无补的。埋怨、消沉只会阻碍新的前进步伐，而忘记它，抛开它，我们才有机会去补救。

金融危机爆发之前，刘辉将自己的积蓄全部投入了股市，结果赔了个血本无归，他手上的股票市值还不到买的时候的50%。刘辉欲哭无泪，他这十多年的辛苦努力全白费了，真是应了那句“辛辛苦苦二十年，一朝回到解放前！”整个人每天变得浑浑噩噩，满脑子都是绿油油的跌停板，也没有心思工作了，天天都躺在床上发呆。

后来，他的妻子实在是看不下去了，劈头骂道：“不就是几十万吗？钱都已经赔出去了，再哭也哭不回来，我们还有手有脚，还有房子，有工作，难道还能饿死不成？”

妻子虽然嘴上这么说，但是心里也知道，自己的小康之家已彻底沦落成真的无产家庭了。只是既然已经失去了，就不能再因为这个把整个人再给搞废了。

没有想到，这一骂还真把刘辉骂醒了，这上有老下有小的，虽然生活艰难，可还得坚持下去，整天想着已经没有的东西又有什么用？于是，刘辉和妻子商量用各种“开源节流”的办法来应对：刘辉四五年都没戒掉的烟瘾，这回完全戒掉了；夫妻俩名牌衣服不买了，以前的旧衣服整理一下也还能将就着穿；朋友聚会尽量在家吃；为了省点油钱，开始出门坐公交；夫妻俩还开了个小卖铺补贴家用。就这样，刘辉一家渐渐又好了起来。

失去的，往往是我们为自己的错误而付出的代价。但是，我们也不能为此而过分地自责，过分地计较，因为既然已经失去了，那再懊悔、暴怒、颓废也无济于事，只能让事情变得更糟。我们应该勇敢地去面对它，

尽量想办法解决问题，而不是沉迷于过去。

小不舍则大不得

俗话说："舍得，舍得，有舍才有得。"虽然只是简单的一句话，却包含了无上的处世智慧和人生哲理。人生在求"得"的时候，总是要付出一些代价，舍弃一些东西。小不舍则大不得，正确地认识舍与得之间的关系，那人在得到的时候，就不会为此而骄傲轻狂，不能自已；也会在失去的时候，懂得从中发现自己的所得，从而不会被挫折所击垮，明白如何从失落中找回自我。

人之一生，其实都是活在取舍之间。舍得用心守护，才能收获爱情；舍得付出真心，才有赢得友情；舍得计较，才有幸福；舍得微笑，才有和谐；舍得酒色，才有健康；有舍才有得，不舍则不得。

从前有一户人家，家中鼠灾泛滥，于是主人就从远方买回来一只猫。这只猫捕鼠很厉害，但是也会偷吃自己家的鸡。一段时间后，主人家的老鼠捕捉的差不多了，但是鸡也被猫吃了很多。

这时候，主人家的儿子就建议父亲说："这只猫虽然能捕鼠，但是也咬死了我们很多鸡，我们为什么还要养着它呢？干脆赶走它算了。"

父亲说："老鼠不但偷吃我们的粮食，而且还咬坏我们的衣服，如此横行下去，我们都要挨饿受冻。猫虽然偷吃鸡，但是没了鸡，我们只是暂时吃不上肉罢了，比较一下，这和挨饿受冻还差着一大截呢，我们为什么要赶走猫呢？"

要想驱逐老鼠，过上不挨饿受冻的日子，就必须养猫舍鸡，这就是求"得"所必须付出的代价。可是在现实生活中，人人都只想着取得，而从来不希望舍去，只想得，不想舍，贪得无厌，最后的结果往往是失去更多。很多时候，舍其实是得的前提，敢舍的人才能大得。

正所谓：“放得下，才能走得远！”有所放弃，才能有所收获，什么也不愿放弃的人，最后反而会失去最珍贵的东西。

据说在印度，猎人捕捉猴子有一个非常简单的方法。他们在一个盒子里放上坚果，而后在盒子上开一小口，小口刚好能让猴子伸进前爪。猴子们将手伸进去抓住坚果之后，拳头就会被口子卡住。它们要不就放弃坚果，空手而回，但大多数猴子都不愿放弃，从而被猎人给捉住了。

有些时候，学会放手，甘愿舍弃，你才能真正的得到。得与失，不过是相对而言，你自认为得到时，或许正在失去；你觉得失去时，也许恰是正在得到。

《海上的珠宝船》这篇文章讲述了这样一个故事：1969年，商人狄利斯和他的儿子带着一生的积蓄，乘船去英国。他们带着满满一箱的金银珠宝上了船，然而，在航行的途中，他们身怀巨富的秘密被船上的水手们知道了。

这可是满满一箱的财宝啊！一个人几辈子都花不完，水手们当然想把它据为己有，所以，他们决定抢了财宝之后再杀人灭口。

这个消息被狄利斯的儿子知道了，他一时大急不知道怎么办才好，于是就把消息告诉父亲。狄利斯想了许久才说道：“我们唯一的办法就是让他们知道我们已经没有财宝了。”他决定将财宝倒入海里。儿子听了却有些舍不得，狄利斯说道：“只有这样子才能保住我们的性命，财宝虽然珍贵，但现在只能舍弃它了。”父子俩于是上演了一出好戏。

狄利斯气冲冲地冲上了甲板，对着儿子骂道：“你这个蠢货，从来都不听从我的忠告。”儿子则叫嚷道：“那是因为你这个老顽固说不出一句值得我听得进去的话。”父子俩的争吵引来了甲板上的水手。

父子俩越吵越凶，狄利斯就乘机跑到船舱里拖出了珠宝箱。他大声地说：“我宁愿把我全部的家产都丢到大海里，也不会把它留给你。”说着

便打开了珠宝箱。珠宝发出的光芒使每个人都惊呆了，恨不得马上据为己有。狄利斯在任何人都没有反应过来的时候就把珠宝都倒进了海里，水手们都惊呆了。狄利斯父子就这样保住了性命。

我们每个人都要学会舍得，要想享受到野花的芬芳，就必须舍弃城市的舒适；要想得到永久的荣耀，就要舍弃眼前的虚荣。我们在现实中也是一样，要想拥有美好的未来，就要舍弃眼前的享乐。

鱼与熊掌不可兼得，没有人可以占尽所有的好处和便宜，也不是只要有利可图，就可以去占有。因小失大，到头来，吃亏的只会是自己。我们必须学会舍弃，舍得一片美丽的夕阳，才能拥有更加灿烂的明天。

要舍得分享

萧伯纳曾说："你有一个苹果，我有一个苹果，交换一下，我们还是每人一个苹果；你有一个思想，我有一个思想，交换一下，我们每个人就有了两个思想。"这句话的意思就是告诉我们要懂得分享。然而，人是自私的动物，每个人都是有私心的，"分享"虽然只是两个字，但是却并不容易做到。

有一个农民无意中得到了一种优良的小麦种子，种下去之后，第二年他的麦子长势很好，颗粒饱满，比起旁边地里的其他麦子，不知道好了多少。结果，这一年他获得了大丰收，农民自然是喜出望外。

很多人听说了这个消息之后，就上门来求购种子，但是农民却不想让别人种出和他一样好的小麦，于是就拒绝了上门的人，想要独自一人享受丰收的喜悦。

可是好景不长，到了第三年的时候，他种下了年前收获的小麦种子，结果收成比第二年差了很多，只比普通的小麦稍微好一点。这让他非常费解，到了第四年的时候，情况变得更糟，他的优质小麦已经变得和普通的小麦差不多了。

这下他有些着急了，于是便去向专家请教。经过一番考察后，专家说：“虽然你种的是优质的小麦，但是你旁边地里种的都是普通的小麦品种，而它们之间的花粉是会相互传播的，这样你的优质小麦经过杂交同化，渐渐地就变成普通小麦了。”

农民听了顿时傻眼，原来这一切竟然都是自己造成的，倘若当初他和邻居一同分享优质品种，那么也不会有今天这个后果了。

孟子说，独乐乐，不如众乐乐。独自一个人快乐怎么比得上大家一起快乐？生活需要分享，快乐和痛苦都要有人分享。没有人分享的人生，无论面对的是快乐还是痛苦，都是一种惩罚。

分享并不意味着失去或是减少，相反，我们可以从中获得许多。分享阳光，就懂得分担风雨的沉重；分享成功，就懂得分担辛劳和付出；分享感动，就懂得分担感恩和宽容。当我们乐意和他人分享我们所拥有的知识和快乐时，不但不会有损失，反而会收获更大的喜悦和满足。只有真正懂得与人分享的人，才懂得人生的真谛。

培根说：“如果你把快乐告诉一个朋友，你将得到两个快乐，而如果你把忧愁向一个朋友倾诉，你将被分掉一半忧愁。”学会与别人分享成长、成功与财富，自己也一定会成为最快乐、最幸福、最成功和最富有的人。

分享，伴随着我们每个人的成长过程。分享是一种快乐，得到的是别人，感受的是自己；分享是一种机会，抓住的是别人，幸运的是自己；分享是一种幸福，享受的是别人，领悟的是自己。

生活中很多人不懂得分享的真正含义，有了痛苦独自承担，防止别人窥视自己的内心世界；有了快乐自己独吞，害怕别人抢走自己的胜利果实，结果，不知不觉让自己陷入了孤立的境地。

陈阳是一家企业策划部的主管，虽然他年纪很轻，但是能力出众，

而且敢闯敢拼，所以很受领导的器重。有一次，上面又做一个很重要的营销计划，于是让策划部做一个策划案出来。陈阳接到任务之后，就带着本部门的同事们，加班加点没日没夜地干了好几个通宵，终于把策划案完成了。结果，这次的营销业绩完成得十分理想。

在开庆功会的时候，老总大大地表扬了陈阳一番，除了口头表扬还有奖金，甚至还让他在庆功宴上发言。陈阳自然是很高兴，在发言的时候，将自己做这个策划案的辛苦和不容易大大宣扬了一番，但是却没有提到关于同部门同事的半个字，甚至连饭也没有请同事们吃。这不禁让大家觉得非常不满。

又过了一段时间，公司又要搞一个大策划，由于上次的出色表现，这回上面又把任务交给了陈阳。但是这一次，同事们却不怎么配合了，请假的请假，敷衍的敷衍，更不要说留下加班了。大家心里都想："你不是能吗？这次就看你一个人怎么完成这个策划案。"陈阳孤木难支，最终的结果可想而知了。

在职场中，独享荣誉是一件比较忌讳的事情。尤其是在你得到一些有别人贡献的荣誉时，更不能将荣誉包揽在身，否则在你享受荣誉的同时，也会招致同事的怨恨。

懂得分享的人必须有一个豁达的心胸。虚伪奸诈的人不会分享，因为对利益的索取使他鼠目寸光；谨小慎微的人不懂得分享，对世界的疑虑和恐惧淹没了他的好奇；狂妄自负的人不屑于分享，愚蠢的优越感蒙蔽了他的双眼。

舍得分享，你就能进入快乐城堡，独享只会让你进入痛苦的泥潭。

得不到的就放手，抓不到的就转身

有人说：“人生就如一枚硬币，你不可能在每次掷出的时候，保证它都正面朝上。”很多人总是觉得只要通过自己的努力，就可以获得自己想要的一切，然而事实却并非如此，很多东西，并不是努力就可以获得，很多现状，也不是光凭努力就可以改变。有时，我们对一件事物紧紧抓住不愿放手，只会将我们一步步地逼入深渊，相反，退后一步可能就可以看到更美丽的彩虹。

生活是很现实也是很残酷的，有时，生活会逼迫你，不得不放走某些机会，甚至不得不放弃一段爱情。你不可能什么都能得到，因此，在生活中应该学会放手。苦苦地挽留夕阳，是傻子的表现；久久地感伤春光，则是蠢人的行为。不知道舍弃和放手的人，常常会失去更加珍贵的东西。

一位母亲正在厨房做饭，客厅突然传来了孩子的哭声。母亲急忙就冲到客厅，结果发现孩子的手卡在了一个花瓶里。花瓶上窄下宽，孩子的手伸进去就拔不出来。母亲想帮孩子将手从花瓶中拉出来，可只要稍微用点力，孩子就会痛得大叫。

母亲用尽了各种方法，但都徒劳无功。万般无奈之下，她想出了一个下策，那就是把花瓶砸碎。可是她又有些犹豫，因为，这不是一个普通的花瓶，而是一件价值连城的古董。然而为了孩子，她只能忍痛将花瓶打破。

打破花瓶之后，母亲发现原来儿子的小手一直攥着。她轻轻掰开儿子的拳头，却惊讶地发现，在儿子的小手心里，躺着一枚硬币。原来，孩子的手之所以卡在里面，就是因为他的手紧紧攥着这枚硬币。

她忍不住问儿子：“你怎么不把手松开，放下硬币呢？那样你的手就

可以出来了！”儿子却理直气壮地回答：“我好不容易才够着它，要是放手它跑了怎么办？”母亲听了哭笑不得，就因为这枚一块钱硬币，她不得不敲碎了价值十多万元的古董花瓶。

有的时候，将一样东西牢牢握在手中不肯放开，只会令自己身心疲惫。放手也是一种观念的松绑，当我们抓紧某一个东西或观念的时候，反而会让自己被套牢，所以，不如学会让自己松手，反而能得到心灵上的解脱。有的东西你追得越紧，反而越得不到，而有时候，该放手的时候就得放手，因为它是另一种生活的智能。

“得不到的就放手”，能有这样的心境去面对生活，也许我们会活得更加洒脱，更加轻松，生活也会更加丰富。放手，那是一片风雨过后的万里晴空，是一片波澜起伏之后的平静，是一种超脱物外的真正的人生大智慧。

法国文艺复兴后期的人文主义思想家蒙田说过：“今天的放弃，正是为了明天的得到。”放手之后，你会感觉天地反而更加的宽广。学会适时放手，才能让自己脱离现状，看清楚自己的位置。

蒲松龄是清代大才子，他大半生都热衷于科场，然而因为当时吏治腐败，科场中贿赂盛行，舞弊成风，再加上他虽然才华横溢，却不善八股，所以，六次乡试皆落第。最后他放弃了“科考”这条可以使自己走上仕途的道路，而选择了著书立说这条人生的道路。

他立志要写一部“孤愤之书”。他在自己桌前的镇尺上镌刻了一副著名的对联，上联写着“有志者，事竟成，破釜沉舟，百二秦关终属楚”，下联书“苦心人，天不负，卧薪尝胆，三千越甲可吞吴”，以此来自勉。后来，经过多年努力，他终于写出了《聊斋志异》这部中国文学史上的煌煌巨著，成为万古流芳的文学家。

蒲松龄虽然科举落第，与仕途无缘，但他舍得放手，最终在文学这条道路上成就了自己。在他取得了成功的同时，也为后人留下了一笔宝贵的精神财富。像他这样的例子在历史上其实并不少见，历史上那些出色的文人，大多都是仕途坎坷，李白、杜甫、苏东坡……无一不是如此。

显而易见，人生并非只有一处辉煌，天涯何处无芳草，放弃了这一边，别处的风景也许会更加的亮丽与迷人。因此，你有时需从新的角度看待自己，审时度势，做出你想要的选择，找到你真正的生活目标。

遇上得不到的就该放手，不要欺骗自己，更没有必要为此伤心。就算将自己撞得遍体鳞伤，也不一定能留住你想要留住的东西。生活中的某些时刻，必须看清楚什么时候该放手。人生，应该有选择性放手的智慧，这才是对自己负责的态度。懂得放下，学会放手，人生也许会更精彩，因为放手其实也是一种美。

包容有多少，拥有就有多少

俗话说：“观德莫观失。”再好的人也会有短处，所以我们为人处世要彼此包容、谅解。因为，当我们嫌弃别人之时，相对的别人也会嫌弃我们，故能包容才能和平共事。一个人若没有包容之心，对看不惯的人事就会放不下，就会痛苦。只有拥有了能容人的雅量，才不会有太多怨苦。

包容的人更能得到别人的帮助和尊重，包容的人态度总是谦卑而平和，所以不会招致别人的怨恨和攻击。在与人交往时，包容一点，你就会少去几个敌人，而多出几个朋友；在工作中，包容一点，就会免去许多的冲突和纠纷；在家庭中，包容一点，就不会有那么多的误会和矛盾。如果你的生活中总是有那么多的不如意，那么，你就要让自己包容一点。

一个年轻人因为经常与别人闹矛盾，所以就去求禅师开解。见了禅师之后，禅师还没有说话，他就开始喋喋不休地数落着那些与他有矛盾的人，这一说就是两个小时。禅师没有打断他的话，还不断要求他再举几

个例子来说，直到他想不起来还有什么例子可以举出的时候，禅师这才说道："你讲完了，现在可以换我讲了吗？"年轻人疑惑地点了点头。

禅师说："你是个黑白分明，嫉恶如仇的人。"

年轻人笑道："师父，你说得太准了，我就是这样的人呢。"

禅师又说："这世界其实是个一半一半的世界，天一半，地一半；男一半，女一半；清净一半，浊秽一半；善一半，恶一半。很可惜，你拥有的是不完整的世界。"

看着年轻人满脸不解的的神情，禅师接着说道："你的世界黑白分明，但是你却只能接受好的一半，不能接受坏的一半，所以你拥有不了完整的世界。"

听了这话，年轻人好像有些不知所措，惶惶问道："那我该怎么做才好呢？"

禅师慈悲地说道："学习包容不完美的世界，你就会拥有一个完整的世界了。"

包容是一门处世的哲学，只有真正懂得包容的艺术，真正拥有那份广阔的心胸，才是活出了真正的人生。试着用包容的心去对待他人，用感恩的心去对待生活，或许你就会发现：生活，原来可以如此美妙！

只有学会包容才能促进人际关系和谐。在现实生活中，常常都会发生各种各样的矛盾：朋友间的误会、同事间的纠葛、邻里间的纷争、夫妻间的争吵等。如果彼此之间能够互相包容、忍让，那么，这些不必要的误会、矛盾、摩擦就可以避免，人与人之间也会因此而少了许多的隔膜、猜忌和仇恨。

两方相斗，结果只会造成两败俱伤。但若是两人都各退一步，则两人都有所得。让步不一定吃亏，从礼让中，才能和谐双赢。学会包容，对他人的过失、缺点多一份包容，多一份关心，适时地给他人以尊重、理解与帮助，让彼此之间能有一个融洽的关系，这样才能让自己的路走得更顺畅。

包容是解决问题的最好途径。让步给双方带来了一个广阔的天地，也为自己铺上一条平坦而又多姿多彩的道路。俗话说得好，“多个朋友多条路，多个仇人就多堵墙”。包容他人，他人也会对你有所回报，这样就能在自己的成功道路上除去一些荆棘与坎坷，为人生增添一些色彩。

人的心胸有多大，那么他的舞台就有多大；包容的有多少，他拥有的就有多少。一个人在社会上生存，若是想谋求更大的发展，就需要有包容的精神。

秦始皇当政之后，秦国逐渐强大起来，其他国家都对秦国的崛起非常忌惮，所以就派出了许多奸细，渗透到了秦国。韩国派水工郑国游说秦始皇，倡言凿渠溉田，以实施“疲秦计划”。后事泄被发现，秦始皇听信宗室大臣的进言，认为来秦的客卿大抵都想游间于秦，就下令驱逐客卿。

李斯是楚国上蔡人，自然也在被驱逐之列，尽管惶恐不安，但还是主动上书，写下千古流传的《谏逐客书》。他说：“泰山不让土壤，故能成其大；河海不择细流，故能就其深；王者不却众庶，故能明其德。是以地无四方，民无异国，四时充美，鬼神降福，此五帝三王之所以无敌也。”

李斯的谏言打动了秦始皇，让他收回了逐客令，并从此广纳天下人才，也正是因为这些来自五湖四海的他国精英，最终，秦始皇也得以横扫六国，统一天下。

人是非常复杂的，有地域的不同，有性别的差异，有年龄的悬殊，有职业的类别，还有信仰、思想、兴趣等种种的不同，因此，一个人如果没有容许异己存在的雅量，就很难成就大事。古语有云：“海纳百川，有容乃大。”大海容纳百川众流，所以才能成为大海；做人则要能包容异己，才能揽天下之才为己用。

爱情要舍得去成全

香港著名心理及情感治疗师素黑曾说："执着抑或放手，你是可以选择的。"当两个人在一起，也许最大的伤害不是分手，而是难以幸福的时候，却还要硬生生地绑在一起。其实暂时的失去，并不意味着没有再次拥有的权利，得到有时也不一定是最好的结局。两个人因为误会而相遇结合，因彼此理解而分开，这未尝不是一件好事。该放手的时候就放手，这既是成全对方，也是解脱自己。

有一位妻子曾对她的丈夫说："我一生中最不能忍受的是被欺骗，如果你爱上另外一个女人，请你一定要实话告诉我，我绝对放你走。"

丈夫听了这话，有些莫名其妙，也有一丝不知所措，他惊慌地问道："难道你不爱我了吗？"

妻子摇了摇头说："恰恰相反，因为我太爱你了，所以我宁可自己痛苦，也要成全你的幸福。"丈夫听了这话感动极了，他将妻子紧紧地抱在怀中久久无语。

当一个人的心已经不在了，飞远了，那你就是有千般的不舍，也是徒劳。这时候，你要做的就是超脱出来，不要钻进死胡同，否则只有两人一起毁灭。诚然，放手舍去一段爱情，对于一个人来说是非常残酷的，但这却是你必须做的选择。与其两个人痛苦地绑在一起苦苦挣扎，互相拖拽，最后沉入渊底，何不擦掉眼泪，潇洒地挥手道别呢？这是两全其美的好事，放手给了他人自由，同时也给了自己自由。

当你握紧双手，里面可能什么都没有，而当你打开双手，世界也许就在你手中。很多时候，我们紧紧握住双手，以为可以把想要的爱情抓住，其实，那只是让彼此受到更深的伤害，倒不如放开手去，让那些伤害随风飘散，这样我们的双手才可以接到温暖的阳光。

张小娴曾说：“你以为不可失去的人，原来并非不可。你为一个人流干了眼泪，自有另一个人逗你欢笑。”你在这桩爱情上失去的，必然会在下一桩爱情中加倍补回来。

爱情是要舍得去成全的，放手一段爱情是一种成全，经营好一段爱情，同样需要一种成全。这种成全就是一种理解，不理解一个人，就不可能爱上一个人，没有理解的爱情不是真爱。想要理解和真正爱一个人，就应把自己放到对方的立场上，与对方成为一体。我们要明白、理解自己所爱的人的需要、渴望及痛苦，这样许多因不理解而生出的矛盾也就容易释然了，也就会拥有幸福美满的爱情了。

一对刚刚结婚的小夫妻，妻子喜欢看泡沫爱情剧，经常一看就到大半夜，而且常和剧中的人物一起哭、一起笑。丈夫曾多次要求她改掉这坏习惯，可她却说：“现实的爱情总是不够圆满，总要在电视剧中寻找一些满足。”

而丈夫生性随意、懒散，常常妻子整理了半天的屋子，可他不到半小时又把那些东西整得乱七八糟。终于有一天，妻子忍无可忍了，对他吼道：“我又不是你的保姆，你应该保持家里的卫生和整洁，东西拿了之后要及时归位！”丈夫一脸无奈地答道：“没事，咱家反正也没有什么人来，随意自然些又有什么不好？”妻子却不依不饶地说：“至少要让家像个家吧，至少要让自己看起来舒适些吧！”丈夫笑了笑没有和妻子争吵，因为他知道争吵也没有任何用处。

多年之后，他们彼此已经习惯了对方，丈夫不再要求妻子改掉看泡沫剧的习惯，而选择了和妻子一起看。而妻子也渐渐地不再要求丈夫遵守那些及时整理内务的规定。他们都学会了舍去自己的好恶，而成全彼此的习惯。

曾经有一则新闻报道，一对夫妻因为挤牙膏的方式不同，最终导致了离婚。妻子觉得挤牙膏应该从尾部挤起，而丈夫觉得挤牙膏应该从中间挤起，夫妻俩谁也不让，结果，他们的婚姻被一支牙膏挤掉了。有人说："爱情就是一种相互成全，彼此各退一步，成全对方做他自己，用你的50%加上我的50%，成就完美的100%。"

这些都不懂，还敢拼职场

著　　者：胡以贵

开　　本：16 开

定　　价：29.80 元

出版日期：2015.12

出 版 社：煤炭工业出版社

ISBN 978-7-5020-5001-6

不懂这些，工作多久你都不算个真正的职场人

国内金牌薪酬规划师、资深 HR 首度开讲，犀利解析职场规则，直击年轻人职场弱点，你想问的，都在书里！

前方高能：一大波经验值爆棚的黄金职场建议正在来袭！

一本快速提升职场能力 & 魅力指数的必备案头书！

如果此刻的你正被 薪资待遇低、职场焦虑、效率低下、职场人际紧张 等问题困扰，那么这本书就是为你量身定做的！

笔者曾亲自培养 300 多人走上高管职位，他太懂职场需要什么

读懂这些，照着做，升职加薪根本没你想象的那么难！

你早该这么
沟通

编　　著：甘田东
开　　本：16 开
定　　价：29.80 元
出版日期：2015.11
出 版 社：煤炭工业出版社
ISBN 978-7-5020-5000-9

一本书教你真正掌握沟通的方法，在任何场合都脱颖而出！

想在任何场合面对任何人都游刃有余，轻松打开对方心扉，你早该这么沟通。

为什么干了同样的事，别人总能说得头头是道？

为什么有些人总是被大家喜欢，天南海北无所不谈？

为什么有些人总是不受别人欢迎，即使勉强凑在一起，也相对无言气氛尴尬？

翻开本书，你将找到答案。